Mugyenyi Raymond

Protocolos melhorados para a navegação não visual de aplicações para smartphones

Mugyenyi Raymond

Protocolos melhorados para a navegação não visual de aplicações para smartphones

ScienciaScripts

Imprint

Any brand names and product names mentioned in this book are subject to trademark, brand or patent protection and are trademarks or registered trademarks of their respective holders. The use of brand names, product names, common names, trade names, product descriptions etc. even without a particular marking in this work is in no way to be construed to mean that such names may be regarded as unrestricted in respect of trademark and brand protection legislation and could thus be used by anyone.

Cover image: www.ingimage.com

This book is a translation from the original published under ISBN 978-620-2-06857-4.

Publisher:
Sciencia Scripts
is a trademark of
Dodo Books Indian Ocean Ltd. and OmniScriptum S.R.L publishing group

120 High Road, East Finchley, London, N2 9ED, United Kingdom
Str. Armeneasca 28/1, office 1, Chisinau MD-2012, Republic of Moldova, Europe
Printed at: see last page
ISBN: 978-620-8-21895-9

Dedicação

Este trabalho é dedicado aos meus pais Tinakreebire Ferdinand e Clare Tinakreebire e também aos meus filhos.

Reconhecimento

Os meus agradecimentos especiais vão para Deus todo-poderoso pelo dom da vida, da sabedoria e da inteligência e pela capacidade de levar a cabo esta tese com sucesso. Agradeço sinceramente aos meus queridos familiares e pais pelo seu carinho e amor.

Esta dissertação não teria sido possível sem a ajuda do meu orientador, o Dr. Evarist Nabaasa (PHD), cujo contributo persistente, através de orientação e encorajamento, foi fundamental para me ajudar a transformar este trabalho numa verdadeira investigação. Foi através da sua supervisão que aprendi a tornar-me um estudioso e persistente, o que me permitiu alcançar muito na vida.

De uma forma especial, gostaria de estender o meu sincero e sentido agradecimento à minha adorável esposa Penlope Kwitegetse pelo trabalho árduo, bondade e amor sem fim, se não fosse o seu apoio não teria alcançado o meu objetivo.

Por último, o meu coração está com a minha professora Dra. Annabella Habinka (PHD), colegas Caroline, Debra, Dickson, entre outros, que sempre estiveram ao meu lado sob a forma de orientação, discussões e coordenação geral ao longo do curso de estudos na Universidade de Ciência e Tecnologia de Mbarara.

Que Deus Todo-Poderoso, o Pai Celestial, vos recompense abundantemente.

Abreviaturas

(IT) Information Technology

(OS) Operating System

(VI) Visually Impaired

(WHO) World Health Organisation

(SWOT) Strength Weaknesss Opportunity Threats.

(UI) User Interface

(JRE) Java Runtime Environment installed

(RNIB) Royal National Institute for the Blind

(UNAB) Uganda National Association of the Blind

Resumo

Na indústria telefónica atual, uma parte maior pertence aos telefones inteligentes que requerem navegação visual, o que aparentemente exclui o acesso de pessoas com deficiência visual. Os telefones estão equipados com ecrãs tácteis instalados com ícones de aplicações dispostos aleatoriamente, o que dificulta aos utilizadores com deficiência visual a procura de itens. Milhões de pessoas com deficiência visual foram colocadas na encruzilhada de serem segregadas do resto da sociedade ao tentarem aceder a serviços que os seus congéneres utilizam através de telemóveis inteligentes. O objetivo da tese era desenvolver protocolos melhorados para a navegação não visual dos ícones do ecrã das aplicações para telemóveis inteligentes. A identificação de métodos e tecnologias para conceber e desenvolver protocolos de navegação foram as principais questões que orientaram a investigação. Os protocolos de navegação inadequados dos smartphones em relação aos utilizadores não visuais exigem o desenvolvimento de protocolos melhorados e adequados com base em critérios técnicos, sociais e económicos. As abordagens de investigação em matéria de conceção incluem o método de análise dos compromissos arquitectónicos (ATAM) e a criação de protótipos com desenvolvimento baseado em módulos. Com o avanço da tecnologia, os smartphones Android totalmente equipados com protocolos melhorados, por exemplo, o ecrã do telefone com os nomes dos ícones das aplicações armazenados num formato de matriz, a navegação nos ícones dos ecrãs com áudio e capacidades de leitura de impressões digitais, são a forma adequada de facilitar a independência, a segurança e a melhoria da qualidade de vida das pessoas com deficiência visual. O desenvolvimento de protocolos melhorados para a navegação não visual dos ícones do ecrã de aplicações de smartphones é fundamental, pois favorece a capacidade funcional dos utilizadores não visuais e permite-lhes ter um desempenho ao nível das pessoas com visão. Recomenda-se um estudo mais aprofundado para atualizar o sistema.

Conteúdo

CAPÍTULO 1

INTRODUÇÃO

O principal objetivo desta investigação era desenvolver protocolos melhorados para a navegação não visual dos ícones do ecrã das aplicações para telemóveis inteligentes. Este estudo centrou-se no desenvolvimento de protocolos melhorados que consideram a forma como os serviços das aplicações para telemóveis inteligentes podem ser acedidos por pessoas com visão total e por pessoas com deficiência visual. Esta investigação pretendia também identificar os pontos fortes, os pontos fracos, as oportunidades e as ameaças (SWOT) que as aplicações/serviços dos telemóveis inteligentes oferecem aos deficientes visuais.

1.1   Antecedentes

Nesta investigação, a navegação é um campo de estudo que se centra no processo de deslocação de uma parte de uma aplicação para outra, para a frente ou para trás. Enquanto que o telefone inteligente é um telemóvel que desempenha muitas das funções de um computador, tendo normalmente uma interface de ecrã tátil, acesso à Internet e um sistema operativo capaz de executar aplicações descarregadas

A cegueira por deficiência visual é definida como o termo coletivo - perda visual, que se refere a uma perda da capacidade de ver ou a uma redução da visão [3]. O termo baixa visão, visão parcial ou deficiência visual pode ser utilizado para designar uma pessoa que não perdeu a capacidade de ver, mas cuja visão é significativamente reduzida em comparação com a visão normal. A deficiência visual, que é geralmente definida como tendo uma acuidade visual fraca (3/60 a 6/60), significa que uma pessoa normal vê um objeto a uma distância de 60 m, enquanto uma pessoa com deficiência visual o vê a uma distância entre 3 e 6 m, mas com um campo de visão completo, ou com uma combinação de acuidade visual ligeiramente reduzida (até 6/24) e um campo de visão reduzido ou com desfocagem ou turvação na visão central. A deficiência visual grave (cegueira) é aquela em que uma pessoa é tão cega que não pode efetuar qualquer trabalho para o qual a visão seja essencial. As pessoas com deficiência visual têm mais dificuldade em lembrar-se de menus móveis desconhecidos, o que, na prática, lhes nega a possibilidade de explorar as tecnologias dos telemóveis [4].

O software dos telemóveis inteligentes é instalado com protocolos que fornecem assistência à navegação nessas situações, evitando a necessidade de pessoas com deficiência visual. Os protocolos envolvem a utilização de uma saída de texto para voz e uma interface humana simples baseada no toque para permitir que as pessoas com deficiência visual utilizem os telemóveis inteligentes com pouca ou nenhuma necessidade de assistência.

No entanto, os utilizadores com deficiência visual ainda enfrentam desafios quando utilizam os seus telemóveis inteligentes. Os smartphones actuais são dispositivos computacionais bastante potentes, mas ainda são concebidos sem caraterísticas e ferramentas muito adequadas para todos, sendo, em grande medida, impossíveis de utilizar por pessoas com deficiência visual e idosos. Os utilizadores com visão parcial, por exemplo, podem queixar-se do tamanho das letras nos ecrãs relativamente pequenos dos telefones, enquanto os utilizadores com deficiência visual têm dificuldade em encontrar facilmente os itens nos telefones com ecrã tátil [5]

Esta investigação explorou um sistema de acessibilidade móvel que responde às necessidades essenciais e práticas dos utilizadores de telemóveis inteligentes com deficiência visual, concebendo e desenvolvendo protocolos melhorados para a navegação não visual dos ícones do ecrã de aplicações para smartphones que permitem uma interface humana tátil detetável (fácil de explorar e de descobrir como executar as tarefas desejadas), sendo atribuído a cada ícone de comando um único toque para anunciar a sua ação e um toque longo para o ativar. Isto permite que os participantes arrastem o dedo pelo ecrã até chegarem a um item à sua escolha. Em seguida, um duplo toque executa a ação pretendida. Este sistema visa evitar activações acidentais, tornando-o intuitivo e completamente acessível.

1.2   Declaração do problema

A tecnologia atual tem sobretudo em conta as pessoas com boas capacidades visuais, mas o mundo não tem apenas essas pessoas. Existe um número substancial de pessoas com necessidades especiais que ainda precisam de beneficiar da tecnologia atual. A tecnologia tende a deixá-los para trás, se não, a tecnologia pretendida é sempre baixa e complicada de utilizar.

O mundo está a depender cada vez mais das aplicações dos smartphones para receber até mesmo as necessidades humanas básicas numa base diária e, no entanto, existem muito poucos protocolos melhorados que suportem a navegação de aplicações não visuais para smartphones. Esta tendência e este cenário colocam milhões de pessoas com deficiência visual na encruzilhada de uma maior segregação em relação ao resto da sociedade, enquanto tentam aceder a serviços que os seus congéneres utilizam através de smartphones.

1.3   Objectivos

1.3.1   Objetivo geral

O principal objetivo desta investigação foi desenvolver protocolos melhorados para a navegação não visual dos ícones do ecrã de aplicações para smartphones

1.3.2   Objectivos específicos

(i) Identificar as lacunas dos actuais protocolos de navegação nos ícones do ecrã das aplicações para telemóveis inteligentes e especificar os requisitos para a conceção e o desenvolvimento de protocolos melhorados.

(ii) Conceber protocolos melhorados para a navegação por ícones no ecrã de aplicações não visuais para telemóveis inteligentes.

(iii) Desenvolver uma aplicação para smartphone utilizando o sistema operativo android que integre os protocolos desenvolvidos

(iv) Implementar a aplicação desenvolvida para smartphone e navegar nos ícones do ecrã da aplicação de um determinado smartphone e testar a eficiência dos protocolos desenvolvidos.

1.3.3   Questões de investigação

Para atingir o objetivo geral, esta investigação foi orientada pelas seguintes questões:

(i) Que lacunas existem nos protocolos actuais para navegar nos ícones do ecrã das aplicações dos telemóveis inteligentes?

(ii) Quais são os requisitos para a conceção e desenvolvimento de protocolos para navegar nos ícones do ecrã de uma aplicação para smartphones?

(iii) Que métodos e tecnologias podem ser utilizados para conceber e desenvolver uma aplicação para as funcionalidades de um telemóvel?

(iv) Que protocolos são atualmente utilizados para dar resposta aos utilizadores com deficiência visual?

(v) Quais são os procedimentos de implementação e teste de uma aplicação para smartphone?

1.4   Significado

(i) Melhoria da utilização das funcionalidades do telefone inteligente por pessoas com deficiência visual, como fazer chamadas, enviar mensagens de texto, navegar na Internet e utilizar outros menus do telefone com

ou sem a assistência de pessoas com visão total.

(ii) O projeto resultou num aumento da venda de telemóveis (negócio para os revendedores de telemóveis), uma vez que os deficientes visuais foram incluídos no grupo de utilizadores.

(iii) Melhoria da comunicação entre as pessoas com deficiência visual e as pessoas com visão total, uma vez que todos podem efetuar chamadas telefónicas.

(iv) Os resultados e a literatura gerados por esta investigação serão disponibilizados a futuros investigadores numa área semelhante, para que possam desenvolver os seus próprios projectos de investigação.

1.5   âmbito

A investigação abrange a conceção, o desenvolvimento e o ensaio de protocolos que permitem a navegação não visual dos ícones do ecrã das aplicações dos telemóveis inteligentes com base no reconhecimento do áudio e das impressões digitais.

O investigador considerou a navegação apenas dos ícones do ecrã da aplicação, mas não a navegação das próprias aplicações.

CAPÍTULO 2

REVISÃO DA LITERATURA

O capítulo anterior introduziu o tema da investigação, a definição do problema, os objectivos, a importância e o âmbito. Este capítulo apresenta e avalia a literatura de estudos e publicações anteriores.

O campo de investigação sobre a perda de visão abrange várias áreas de interesse, enquanto esta proposta se centra na forma como as pessoas com perda de visão podem utilizar telemóveis com ecrãs tácteis. Assim, este capítulo está dividido em vários temas, começando com uma breve história da tecnologia dos telemóveis, seguida de uma descrição do atual mercado dos telemóveis, da diferença entre as pessoas com visão e as pessoas sem visão na utilização da tecnologia dos telemóveis, para depois apresentar as ajudas e tecnologias de assistência disponíveis. O capítulo termina com um enquadramento, utilizado para conceber a IU.

2.1   Antecedentes

De acordo com [5], cerca de 314 milhões de pessoas são deficientes visuais, das quais aproximadamente 45 milhões são cegas. Do número total, 12 milhões são crianças e 82% têm 50 anos ou mais. Os países em desenvolvimento (incluindo o Uganda) têm a maior representação de pessoas com deficiência visual, com cerca de 87% de representação. A deficiência visual tem um impacto significativo na qualidade de vida do indivíduo, da família, da comunidade e da nação em geral.

A cegueira por deficiência visual pode ser definida como o termo coletivo - perda visual, que se refere a uma perda da capacidade de ver ou a uma redução da visão. O termo baixa visão, visão parcial ou deficiência visual pode ser utilizado para uma pessoa que não perdeu a capacidade de ver, mas cuja visão é significativamente reduzida em comparação com a visão normal [6]. Uma pessoa cega terá de recorrer a outros sentidos e estímulos, como o tato e a audição, bem como a ajudas como a bengala longa e o cão-guia. Por outro lado, um indivíduo com baixa visão pode ser ajudado por melhorias visuais, como lupas para letras grandes e iluminação. A deficiência visual, que é geralmente definida como tendo uma acuidade visual fraca (3/60 a 6/60), significa que uma pessoa normal vê um objeto a uma distância de 60 m, enquanto uma pessoa com deficiência visual o vê a uma distância entre 3 e 6 m, mas com um campo de visão completo, ou com uma combinação de acuidade visual ligeiramente reduzida (até 6/24) e um campo de visão reduzido ou com desfocagem ou turvação na visão central. A deficiência visual grave (cegueira) é aquela em que uma pessoa é tão cega que não pode efetuar qualquer trabalho para o qual a visão seja essencial.

Nesta revisão, foi apresentada uma panorâmica abrangente da investigação e inovação no domínio da tecnologia de assistência móvel para apoiar as pessoas com deficiência visual. O termo deficiência visual foi considerado como incorporando qualquer condição que impeça a capacidade de um indivíduo executar actividades diárias típicas devido à perda de visão. Uma vez que o objetivo deste estudo era apresentar uma análise geral e desenvolver um sistema que ajudasse as pessoas com deficiência visual a utilizar telemóveis inteligentes, era muito importante não separar a baixa visão da cegueira total, pelo que estes termos foram utilizados indistintamente.

Os avanços nas tecnologias da informação (TI) e, em particular, nas tecnologias móveis, estão a aumentar o âmbito das tecnologias de assistência baseadas nas TI para apoiar uma melhor qualidade de vida das pessoas com deficiência, incluindo a deficiência visual. As tecnologias de assistência têm o potencial de melhorar a capacidade das pessoas com deficiência visual para participarem plenamente nas actividades da sociedade e viverem de forma independente. Existem várias definições de tecnologia de assistência, mas o que é comum a todas elas é o conceito de um objeto ou equipamento que permite às pessoas com deficiência usufruir de uma plena inclusão e integração na sociedade. As tecnologias de apoio móveis modernas são mais discretas do que as tecnologias tradicionais e incluem (ou são fornecidas através de) uma vasta gama de dispositivos informáticos móveis, como os telemóveis [7].

As funcionalidades dos telemóveis no Uganda não dispõem de tecnologias de assistência suficientes para permitir que as pessoas com deficiência visual usufruam dos benefícios do dinheiro móvel. Uma das opções disponíveis para as pessoas com deficiência visual no Uganda é a utilização de telemóveis prontos a usar que têm funcionalidades de saída de voz incorporadas diretamente no seu sistema. Embora estes telefones não tenham sido concebidos para pessoas com deficiência visual, têm sido amplamente utilizados por este grupo. No entanto, a tecnologia de voz nestes telefones oferece uma acessibilidade limitada às funções do telefone. Uma vez que nem todas as funcionalidades do telefone são acessíveis a esta população, podem não ser ideais para aqueles que pretendem utilizar funcionalidades mais avançadas.

A utilização de um software de terceiros é a outra opção disponível para as pessoas com deficiência visual. O software de terceiros pode fornecer saída de voz e/ou braille para permitir a acessibilidade à maioria das funcionalidades do telefone, no entanto, os telefones com este software são mais caros e têm restrições de compatibilidade com as redes móveis. No Uganda, um país do terceiro mundo, muitas pessoas com deficiência visual ainda vivem abaixo do limiar da pobreza, pelo que não podem comprar telemóveis com software sofisticado que lhes permita aceder a todas as funcionalidades do telefone. Por conseguinte, é necessário desenvolver uma aplicação móvel compatível que possa ser utilizada em telemóveis inteligentes de baixo custo na rede do Uganda para aceder a todas as funcionalidades do telefone.

As conclusões do estudo resultaram na criação de ferramentas de navegação personalizadas para diferentes categorias de deficiência visual. Em última análise, o investigador desenvolveu uma aplicação para telemóvel que permite às pessoas com deficiência visual utilizar todas as funcionalidades dos smartphones, eliminando assim as desigualdades sociais e económicas que causam o desemprego generalizado entre elas.

2.2 Desafios enfrentados pelas pessoas com deficiência visual na utilização de smartphones

Com o atual avanço da tecnologia, abriram-se caminhos criativos para as pessoas sem deficiência visual, introduzindo interfaces de utilizador baseadas no toque como o principal modelo de interação móvel [8]. No entanto, as interfaces tácteis continuam a ser um desafio para a maioria das pessoas com deficiência visual. Mais ainda, a introdução destas pessoas no modelo continua a não ter a capacidade de recolher as informações visuais necessárias. Isto deve-se ao facto de muitos softwares desenvolvidos atualmente terem muitos problemas de acessibilidade e usabilidade, como se explica a seguir;

2.2.1 Inconformidade com a lei

Devido às leis existentes, como o acesso ao navegador móvel por pessoas cegas ou com deficiência visual, que ajuda os países a cumprir as obrigações em matéria de tecnologias da informação e da comunicação (TIC) acessíveis ao abrigo da Convenção das Nações Unidas sobre os Direitos das Pessoas com Deficiência, a maioria dos telemóveis tem, pelo menos, alguma ativação por voz, mas a maioria não está à altura da lei, porque as pessoas com deficiência, como as pessoas com deficiência visual, não podem utilizar qualquer telemóvel, como a lei determina. Estão apenas limitados a alguns telemóveis, como o Android com barras de conversação, e outros telemóveis inteligentes, como o Black Berries, têm alguma capacidade, mas o seu modelo atual não tem um teclado tátil completo, mas sim um parcial [9].

2.2.2 Custo elevado dos programas informáticos

A aceitação do software de leitura de ecrã entre os utilizadores com deficiência visual é limitada devido ao seu elevado custo. Isto deve-se ao facto de, em muitas sociedades, as pessoas cegas serem consideradas sub-humanas e incapazes de participar nas actividades principais da sociedade, o que as leva a pertencer a uma classe com baixos rendimentos, que tem muita dificuldade em pagar os dispendiosos softwares, mas as aplicações que estão disponíveis gratuitamente carecem de acessibilidade e usabilidade [10].

2.2.3 Fraca personalização das aplicações

Muitas aplicações, se não a maioria, não são acessíveis a pessoas com deficiência porque não estão corretamente personalizadas, o que, na maioria dos casos, não é assim tão difícil e não apenas para pessoas cegas, mas para qualquer pessoa com uma série de problemas de movimento, audição e outras dificuldades. Mesmo as aplicações que têm de ser acessíveis, como as aplicações das companhias aéreas ou dos bancos, ainda não estão actualizadas [9]

2.2.4 Complexidade técnica

A maioria dos smartphones foi concebida com tecnologias de apoio que dependem exclusivamente da plataforma. Isto torna-se um grande desafio para os utilizadores com deficiência visual, uma vez que se habituaram aos materiais de aprendizagem aplicados na escola, que são bastante diferentes do design dos smartphones actuais. Por conseguinte, estas pessoas têm dificuldade em interagir com as aplicações dos smartphones [11]. A falta de gestos normalizados também desempenha um papel importante para dificultar a vida dos utilizadores de smartphones, sobretudo os deficientes visuais.

2.2.5 Desenhos de telemóveis inteligentes

A maioria dos telemóveis inteligentes é concebida de forma a não favorecer as pessoas com deficiência visual. Os criadores dos telefones nunca rotulam os botões da interface do utilizador com nomes acessíveis que o leitor de ecrã fale aos utilizadores cegos, pelo que estes só ouvem "botão". Também as mensagens de erro de validação de formulários nunca são comunicadas aos utilizadores de leitores de ecrã, pelo que estes assumem que o formulário está danificado. As imagens nunca têm alternativas de texto corretas ou apenas falam o nome do ficheiro como um disparate. Em alguns telefones, as entradas de texto do formulário e os controlos de seleção, botões de rádio, caixas de verificação, etc., não têm muitas vezes etiquetas ligadas, pelo que o utilizador (deficiente visual) tem de adivinhar o que deve escrever. Muitas vezes, são utilizados marcadores de posição em vez de etiquetas de texto, pelo que o marcador de posição deixa de ser visível quando o utilizador introduz os dados [12]. Tudo isto acrescenta mais confusão aos utilizadores com problemas de visão.

2.3   Protocolos existentes

1. Aceder ao serviço de retorno de voz no sistema operativo Android não é fácil. Para tal, o utilizador tem de aceder a settings-accessibility-talkback, o que é um exercício bastante pesado

2. Os ícones de aplicações na secção Todas as aplicações estão demasiado próximos uns dos outros.

3. Um utilizador pode ser orientado sobre como utilizar o serviço de resposta automática durante o seu lançamento, através de áudio 4. Na secção Todas as aplicações, o utilizador tem de deslizar o dedo para a esquerda ou para a direita para ver mais ícones de aplicações.

5. Caso o número de ícones de aplicações ultrapasse a capacidade total do ecrã, as aplicações com ícones são normalmente divididas em diferentes páginas.

6. Opções ocultas. Um bom número de acções está agrupado numa única ação. Por exemplo, um botão é utilizado para desligar/ligar, mudar para o modo de voo e também para reiniciar o telemóvel.

7. Premir demoradamente um ícone durante muito tempo no ecrã inicial pode levar à sua eliminação. Isto acontece sem que o utilizador seja notificado.

8. Algumas caraterísticas que podem ser importantes como funções básicas do telemóvel aparecem no painel de notificações por defeito. Isto torna-as um pouco difíceis de aceder.

9. Para aceder ao painel de notificações, o utilizador tem de deslizar o dedo de cima para baixo.

10. A velocidade de abertura das aplicações depende de factores já pré-determinados, como os requisitos do sistema.

1.1.1   Pontos fracos

Segue-se uma discussão dos pontos fracos exibidos pelos protocolos especificados na secção anterior.

1. Ter tantos ícones de aplicações torna a navegação difícil, especialmente quando um utilizador precisa de aceder a uma determinada aplicação. Seria necessário que o utilizador continuasse a deslizar para a esquerda ou para a direita até chegar à página que tem esse ícone

2. A velocidade de navegação, por exemplo, ao passar o dedo, não é fácil para a maioria dos utilizadores com deficiência visual. Deslizar os ícones pelas diferentes páginas é rápido e está fora de controlo para os utilizadores.

3. Um novo utilizador teria muito trabalho para aceder ao serviço de retorno de voz, que parece estar oculto.

4. As pessoas com mais de 50 anos têm por vezes um problema de tremores nas mãos e, por isso, podem não conseguir clicar num determinado ícone devido ao facto de os ícones estarem colocados perto uns dos outros.

5. Tal como é fornecida orientação ao utilizador durante o lançamento do serviço de retorno de voz no Android, os utilizadores não são lembrados de certas acções importantes durante a navegação. Por exemplo, durante a navegação, seria importante lembrar ao utilizador como pode percorrer os diferentes itens da lista e também como pode sair de uma determinada ação.

6. Em condições em que um utilizador tem de deslizar para a esquerda ou para a direita, o serviço de retorno de voz não alerta imediatamente o utilizador para o facto de existirem outros itens que podem ser acedidos deslizando para a esquerda ou para a direita.

7. É difícil rastrear certas acções à primeira vista e também consome muito tempo. Por exemplo, para reiniciar o telefone, o utilizador tem de fazer dois cliques (sem considerar a caixa de diálogo de reinício). Isto é um pouco pesado para os utilizadores.

1.1.2   Conclusão

A sociedade das pessoas com deficiência visual tem sido, na maioria das vezes, ignorada durante o avanço tecnológico. Se pudermos acrescentar outra dimensão à conceção de novos produtos de TI, esta categoria de utilizadores beneficiará muito. O Android é um sistema operativo de fonte aberta e poderoso para smartphones, mas as funcionalidades de acessibilidade são bastante difíceis de utilizar. As funcionalidades e os serviços de acessibilidade do Android não podem ser iniciados facilmente pelo utilizador, para além de alguns outros pontos fracos apontados na secção anterior. Com este entendimento, alguns destes pontos fracos foram abordados através dos protocolos melhorados no capítulo 4.

2.4   Breve história da tecnologia dos telemóveis

Muitos dos primeiros telemóveis eram considerados "telemóveis para automóveis", uma vez que eram demasiado grandes e pesados para serem transportados no bolso ou na carteira. No entanto, em 1983, o Motorola Dy- naTAC 8000x chegou ao mercado. Apesar de enorme para os padrões actuais, foi considerado o primeiro telemóvel verdadeiro porque era suficientemente pequeno para ser transportado

Os primeiros telemóveis serviam apenas para falar. Gradualmente, foram adicionadas funcionalidades como o correio de voz, mas o objetivo principal era falar. Eventualmente, os fabricantes de telemóveis começaram a perceber que podiam integrar outras tecnologias nos seus telefones e expandir as suas funcionalidades. Os primeiros smartphones permitiam aos utilizadores aceder ao correio eletrónico e utilizar o telefone como fax, pager e livro de endereços.

Nos últimos anos, o objetivo do telemóvel deixou de ser uma ferramenta de comunicação verbal para passar a ser uma ferramenta multimédia, adoptando frequentemente o nome de "dispositivo móvel" em vez de ser chamado de telefone. Atualmente, os telemóveis são mais utilizados para navegar na Internet, consultar o correio eletrónico, tirar fotografias e atualizar o nosso estado nas redes sociais do que para fazer chamadas. Além disso, os telemóveis são auxiliares nas transacções comerciais, ou seja, as transacções financeiras podem ser realizadas através da troca de fundos entre telemóveis e instituições bancárias.

" Os títulos de software em rápida expansão, a melhor resolução do ecrã e a interface constantemente melhorada tornam os telemóveis mais fáceis de navegar e mais divertidos de utilizar. Se acrescentarmos a isso uma capacidade de expansão que pode conter tanta memória como um computador há apenas alguns anos, podemos ver porque é que este mercado está a explodir" [13]. Os telemóveis de hoje estão também a substituir os nossos outros aparelhos, como as máquinas fotográficas e as câmaras de vídeo. Quando as câmaras foram introduzidas nos telemóveis, as imagens eram de baixa qualidade e a funcionalidade era considerada apenas um extra. O mercado das aplicações transformou o telemóvel numa caixa de ferramentas virtual com uma solução para quase todas as necessidades.

2.5   O mercado móvel

O mercado dos telemóveis goza de uma popularidade crescente, com as quotas de mercado a aumentarem todos os dias, sendo agora considerado maior do que o mercado dos computadores pessoais ([14]). O mercado dos telemóveis é constituído principalmente por dois tipos de telemóveis: os telemóveis tradicionais e os smartphones. Enquanto os telefones convencionais são considerados telefones de gama baixa, com caraterísticas e potência informática limitadas [15]; [16], os smartphones oferecem uma potência informática e sistemas operativos mais avançados, bem como uma maior conetividade; são essencialmente pequenos computadores móveis [17].

Durante o primeiro trimestre de 2010, foi vendido um total de 314,7 milhões de telemóveis a utilizadores finais em todo o mundo, tendo os smartphones representado 54,3 milhões das vendas [18], o que representa um aumento de 17% em relação ao mesmo período de 2009. Embora os telemóveis de longa duração ainda sejam considerados a plataforma com o maior volume de vendas, os smartphones tiveram um aumento positivo e espera-se que as vendas continuem a aumentar nos próximos anos.

De acordo com o autor [19], [18] os cinco principais sistemas operativos para smartphones são: Symbian (44,3%) Blackberry (19,4%), Apple iOS (15,4%), Google Android (9,6%) e Windows Phone (6,8%). O Apple iOS e o Google Android são atualmente os sistemas de crescimento mais rápido [20] e estima-se que o sistema operativo Android seja o segundo maior sistema operativo a nível mundial em 2010 e que venha a desafiar a posição de liderança do Symbian em 2014 [18]. Os números mostram que as vendas de smartphones estão a aumentar, o que sugere que o mercado quer telefones mais avançados, com mais funcionalidades e melhor conetividade.

2.6 A lacuna na tecnologia móvel para os deficientes visuais

Embora os smartphones tenham uma série de funcionalidades adicionais, existem desvantagens. Estudos demonstraram que a maioria dos utilizadores apenas tira partido de uma pequena parte das funcionalidades disponíveis. Além disso, o ecrã tátil pode dificultar a digitação, uma vez que não é fornecida qualquer resposta física. No entanto, o aumento das vendas indica que a maioria das pessoas com visão não considera estes factores como um obstáculo. No entanto, este não é o caso das pessoas com perda de visão.

A maioria das informações num telemóvel é apresentada através de meios gráficos, tornando o acesso quase impossível para uma pessoa com perda de visão. Um telemóvel tátil torna-se ainda mais difícil de aceder com um design visual e uma navegação tátil que não contém qualquer representação física de onde ou como premir botões e ícones. Com estas limitações, parece provável que um grande grupo de utilizadores não possa utilizar estes tipos de telemóveis, segregando-os ainda mais da população em geral. Isto também está em contradição com as leis estabelecidas pelo governo [21],

Escusado será dizer que as pessoas com perda de visão têm os mesmos direitos que as pessoas com visão; no entanto, a ideia errada de que a perda de visão reduz a eficiência do trabalho é um preconceito comum. Um relatório norueguês sobre oportunidades de emprego para pessoas com deficiência concluiu que este grupo de utilizadores tem a maior percentagem de potenciais trabalhadores desempregados em comparação com o resto da população [22]. No entanto, um outro relatório, que analisa a experiência das pessoas na transição da vida escolar para a vida profissional, sugere que parte do problema se baseia na falta de conhecimentos e numa administração incorrecta por parte das organizações governamentais.

Várias organizações estão a trabalhar no sentido de garantir a igualdade de direitos às pessoas com perda de visão, eliminar preconceitos, integrá-las na sociedade, obter direitos e benefícios iguais e prestar ajuda a países e pessoas que lutam contra doenças que causam cegueira.

2.7   Tecnologia de assistência

Embora os telemóveis não tenham sido concebidos para serem utilizados por pessoas com perda de visão, existem soluções que podem compensar ou melhorar essa utilização. Estas soluções são definidas pelo termo geral tecnologia de assistência; incluem qualquer produto, instrumento, equipamento ou sistema técnico concebido para ou utilizado por uma pessoa com deficiência, que previne, compensa, supervisiona, alivia ou neutraliza os efeitos da deficiência. Os produtos podem ir desde objectos físicos e vivos, como a bengala longa ou o cão-guia, até software num dispositivo como um leitor de ecrã. Para um indivíduo cego, é impossível ler o conteúdo de um ecrã, pelo que a ajuda da tecnologia de assistência é um grande benefício na sua vida pessoal e profissional. Esta secção irá analisar as soluções actuais e a investigação relevante que aborda a questão da tecnologia de apoio nos telemóveis.

2.7.1   Leitor de ecrã

É possível utilizar um telemóvel ou um computador sem conseguir ver o que está no ecrã. As aplicações de software denominadas leitores de ecrã podem converter texto em voz, permitindo ao utilizador ler e navegar no conteúdo de um ecrã através da audição. Ao ouvir a comunicação vocal fornecida pela aplicação de leitura de ecrã, os utilizadores conseguem perceber e navegar no conteúdo do ecrã, tornando possível a realização de tarefas como o processamento de texto, o envio de mensagens de correio eletrónico, a audição de música e a navegação na Internet.

Um leitor de ecrã é geralmente constituído por dois componentes: a aplicação que monitoriza o conteúdo no ecrã e um sintetizador, que fornece o feedback falado. Esta é produzida através da conversão de texto em voz, em que a entrada de texto é fornecida pelo leitor de ecrã e a voz sintética é produzida pelo sintetizador. O sintetizador funciona com diferentes línguas e suporta fonemas e regras gramaticais. Para que um leitor de ecrã funcione eficientemente, as aplicações têm de seguir normas comuns para que o conteúdo possa ser interpretado e apresentado corretamente [14].

No entanto, um leitor de ecrã não deve ser confundido com o feedback de voz frequentemente incorporado nos telemóveis modernos. Embora sejam capazes de representar o conteúdo de menus e aplicações, estas funções são menos avançadas quando se trata de transmitir informações exactas. Além disso, estão limitados aos menus do telefone, pelo que não podem aceder a informações dentro das aplicações [23].

2.7.2 Conceção e desenvolvimento de software móvel

A investigação preliminar mostra que a nova conceção exigiria o funcionamento através do toque e do som, elementos de menu colocados numa disposição lógica e categorias bem definidas para as funcionalidades de assistência e a funcionalidade normal dos telemóveis.

Segue-se a fase de desenvolvimento, que se centrará no desenvolvimento, na documentação e no planeamento da solução. Será criado um protótipo funcional para pessoas com perda de visão. Este protótipo inicial da aplicação será desenvolvido para testar a funcionalidade principal. As avaliações do protótipo serão realizadas através de duas interações de experiências de utilizadores, em que estes darão o seu feedback.

2.7.2.1 Interface do utilizador

A interface do utilizador (IU) será operada através de som e háptica. Um simples toque no ecrã inicia o leitor de ecrã Uis, que indica a função do elemento selecionado, enquanto o gesto de tocar e arrastar o dedo executa o elemento. O gesto será implementado para simplificar a execução dos elementos e para reduzir o número de selecções incorrectas.

Além disso, arrastar um dedo pelo ecrã comanda a IU para ler as funções e, ao mesmo tempo, faz o telefone vibrar quando um novo item está disponível. Um elemento de retrocesso será colocado na parte inferior de cada ecrã, com exceção do menu principal, permitindo ao utilizador navegar facilmente para o menu anterior.

Para ajudar o utilizador a criar um mapa mental dos diferentes menus e elementos, a IU também indicará o nível que está a apresentar e dará feedback quando executar um elemento com êxito. Além disso, o utilizador poderá personalizar a IU para permitir a leitura da posição dos elementos selecionados numa lista, por exemplo, o número três de cinco.

As listas mais longas são apresentadas da mesma forma que as listas normais, mas com um friso adicional no lado direito do ecrã. A figura abaixo mostra uma ilustração de uma lista deste tipo. Se arrastar um dedo sobre o friso, o leitor de ecrã nomeia as letras à medida que o dedo as cruza.

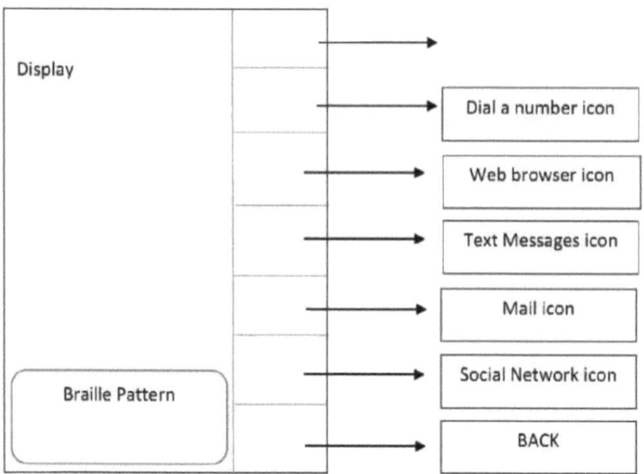

Figura 2.1: Orientações para a investigação em matéria de conceção de Hevner et al. (2006)

As caraterísticas de conceção que se revestem de particular importância no desenvolvimento da nova IU incluem a redução dos gestos necessários, uma curva de aprendizagem mínima e a não dependência de botões de hardware. A utilização de gestos será reduzida, uma vez que podem ser difíceis de dominar [24]; [11]. Além disso, ao organizar os elementos do menu numa disposição vertical, o funcionamento da IU seria semelhante ao dos telemóveis Nokia, comum entre as pessoas com perda de visão. Finalmente, a dependência de botões de hardware será contornada, uma vez que poderia resultar em problemas de compatibilidade com determinados modelos de telemóvel.

2.7.2.2 Sistema operativo

O sistema operativo Android foi escolhido como plataforma de desenvolvimento para a IU, uma decisão baseada em vários factores. A plataforma Android é adoptada por vários fabricantes de telefones e é atualmente o sistema operativo móvel com o crescimento mais rápido do mercado [25]. Assim, os produtos desenvolvidos para o sistema operativo Android têm o potencial de chegar a uma grande base de clientes. O sistema operativo Android é também uma escolha natural para os programadores, uma vez que permite a qualquer pessoa criar uma nova IU para o telemóvel. Além disso, é considerado um sistema operativo muito aberto e flexível para o desenvolvimento de aplicações. Segundo o Google Research Journal [26]; Google Research [27].

2.7.2.3   Teste do sistema

De acordo com [28], só é necessário um pequeno número de pessoas para efetuar testes de usabilidade; de facto, cinco pessoas devem ser suficientes para obter resultados adequados [29]. [30] afirma que um número tão pequeno de utilizadores fornece melhores resultados do que um número maior; em grande parte devido aos orçamentos limitados dos projectos, a vantagem de realizar vários testes mais pequenos em comparação com um grande teste. Esta noção está de acordo com a investigação em Design, que recomenda várias iterações de testes de utilizadores. Os testes de utilizadores foram planeados de acordo com as orientações de usabilidade, sendo a usabilidade medida em relação a determinados utilizadores e determinadas tarefas, e em que cada teste deve definir um conjunto representativo e mensurável de tarefas relevantes para os utilizadores.

2.7.3   Requisitos do sistema

2.7.3.1   Requisitos funcionais

Os requisitos funcionais de um sistema descrevem a funcionalidade e os serviços fornecidos pelo sistema, descrevem o que o sistema faz. No que respeita a este sistema, os requisitos funcionais incluem

(i) Permitir que os utilizadores acedam facilmente às funcionalidades dos telemóveis inteligentes

(ii) Acomodar os meios de comunicação por voz ou mensagens entre pessoas, com ou sem deficiência visual.

(iii) Apresentar aos utilizadores mecanismos de interação através de diferentes tecnologias: autónoma e Web, para começar.

2.7.3.2   Requisitos não funcionais

Os requisitos não funcionais têm a ver com aspectos do sistema desejado que se manifestam a níveis que ultrapassam os limites das funções específicas do sistema, mais como propriedades emergentes. No que respeita ao sistema em que se baseia esta literatura, os requisitos não funcionais incluem

• Portabilidade; este é um requisito fundamental do sistema para que possa ser utilizado numa variedade de dispositivos capazes

- Capacidade de resposta e fiabilidade; Para apresentar um sistema resiliente e sempre pronto, a acessibilidade e a capacidade de resposta são requisitos fundamentais para o sistema.

- Deve ser alcançado um elevado grau de facilidade de utilização, uma vez que o alvo pretendido é, em primeiro lugar, a pessoa comum com deficiência visual. A intuição e a iniciativa básicas devem ser incorporadas em todos os níveis de interação.

- O sistema deve refletir elevados níveis de integridade, garantindo sempre a coerência do feedback áudio e das comunicações hápticas aos utilizadores. Entre elas :

  (i)   Pelo menos 1 Gigabyte de memória primária

  (ii) Altifalantes para telemóveis incorporados ou instalados

  (iii) Android Os versão 4.0 e superior

  (iv) Resolução de ecrã de, pelo menos, 640 x 480 e superior

  (v)   Java Runtime Environment instalado, (JRE) versão 6 ou superior

2.7.4   Leitura e introdução de texto

De acordo com [31], o Braille foi criado para permitir às pessoas com deficiência visual lerem textos. Não se trata de uma nova língua, mas de um sistema de texto com pontos dispostos de forma organizada, que permite às pessoas com deficiência visual ler e escrever texto da mesma forma que uma pessoa com visão. Ao passar o dedo sobre os pontos, uma pessoa treinada é capaz de compreender as letras que os pontos representam e, assim, ler o texto tal como uma pessoa com visão. A leitura de texto a partir de um computador também pode ser feita em Braille, através da utilização de ecrãs Braille actualizáveis, impressoras Braille e blocos de notas Braille.

Embora o Braille seja uma óptima ferramenta, o facto de se basear na sensibilidade dos dedos pode excluir os idosos que podem ter uma sensibilidade reduzida nas pontas dos dedos. Para as pessoas que têm uma visão reduzida, o Braille pode não ser necessário; lupas, lupa e óculos especiais são apenas alguns dos equipamentos que podem ajudar uma pessoa a ler um texto [32].

No entanto, o Braille não é adequado para utilização em telemóveis. Em vez disso, os utilizadores terão de recorrer a diferentes meios de digitação, dependendo do telemóvel utilizado. Os telemóveis equipados com ecrãs tácteis nem sempre têm um teclado físico; em vez disso, o texto é introduzido num teclado virtual apresentado no ecrã. Isto pode tornar a sua utilização um desafio, uma vez que os botões virtuais não fornecem qualquer feedback tátil. Foram apresentadas várias soluções para melhorar a digitação de texto em ecrãs tácteis, desde equipamentos físicos que funcionam em cooperação com o telemóvel até teclados de software instalados no telemóvel.

2.7.5 Haptics

A háptica é uma tecnologia que fornece feedback tático, resultando numa interface mais intuitiva e menos dependente da visão. No entanto, a háptica nunca pode substituir a audição ou a visão; em vez disso, proporciona um sentido adicional. No caso das interfaces tácteis, a háptica pode fazer com que o utilizador sinta e visualize a forma de um item sem olhar para o ecrã, ou pode fornecer feedback quando o dedo atinge o limite de um elemento ou de um botão. Prevê-se que a háptica se torne mais avançada, com a capacidade de fornecer pormenores ainda mais precisos, como o pelo de um animal.

Num estudo sobre as reacções dos utilizadores à háptica, o biógrafo [33] descobriu que alguns dependem mais do feedback áudio do que do feedback háptico. Isto sugere que, embora os hápticos possam ser uma modalidade adicional valiosa, alguns utilizadores dependem mais dos sentidos a que estão habituados. Assim, as soluções que incorporam a háptica serão provavelmente muito melhoradas se também implementarem o som.

2.8 Interface do utilizador

A interface do utilizador é apenas um meio para atingir um fim e deve integrar-se perfeitamente na forma como os utilizadores utilizam o telemóvel. [34] Contrariamente a um sistema operativo de computador, o sistema operativo móvel deve permitir o acesso ao que o utilizador precisa e permanecer sem vigilância quando não está a ser utilizado. Isto está de acordo com [35], que defende que o layout dos telemóveis deve incluir o seguinte: apresentações consistentes, ferramentas de navegação alternativas, acessibilidade a opções e funções comuns e navegação auto-explicativa.

No	ISSUE
1	Touchscreens are difficult or inaccessible for people with vision loss
2	The current user interface on modern mobile phones are not adequate for users with vision loss
3	All information should be communicated through voice messages
4	It should be easy to locate the current location on the menu
5	Haptics can be used to feel what is happening on the screen

6	A menu should be designed for easy navigation
7	Phones are not all equipped with the same set of buttons, hence the UI should not rely on buttons
8	Gestures should be kept to a minimum
9	Applications need to be developed according to standards and guidelines
10	Android and iPhone are the most popular mobile platforms , but they currently have low support for vision loss

Table 2.1:   Enquadramento para os principais problemas que as pessoas com perda de visão enfrentam quando utilizam telemóveis com ecrã tátil [1]

No entanto, foram apresentadas várias soluções para melhorar a navegação dos ecrãs tácteis para os utilizadores com perda de visão, proporcionando essencialmente uma navegação sem olhos, como se descreve a seguir;

Utilização com o polegar de uma mão. A interface do utilizador criou uma grelha quadrada de 3x3, em que cada quadrado contém uma ligação a uma aplicação ou a um submenu. A seleção é feita tocando num dos quadrados, tendo sido introduzidos gestos para fazer zoom e para navegar entre menus. Os resultados mostraram que os participantes gostaram da forma como a navegação e a seleção de aplicações funcionaram, embora tenham hesitado com os gestos [36]

Slide Rule, uma interface de utilizador que funciona exclusivamente através da utilização de gestos e de feedback auditivo. Ao utilizar várias combinações de gestos, o Slide Rule permite ao utilizador abrir aplicações e executar comandos. Os resultados revelaram que a solução proposta teve um desempenho significativamente mais rápido do que os menus baseados em botões. No entanto, devido aos comandos por gestos, foram produzidos mais erros. [37]

Um protótipo de dispositivo portátil foi construído por [38], que utilizou feedback tátil e auditivo para transmitir uma estrutura de menu que proporcionava um acesso fácil a funções comuns. O menu podia ser navegado através do acesso com uma mão, em que cada dedo executava uma tarefa específica. A rotação de um seletor permitia passar por várias opções e menus, um botão separado permitia regressar a um menu anterior e quatro botões executavam funções de navegação e de aplicação. A maioria dos participantes ficou satisfeita com a solução; no entanto, verificou-se que os utilizadores tinham problemas em formar um modelo concetual do menu hierárquico. Esta situação foi melhorada acrescentando a funcionalidade de premir um botão até meio, o que indicaria a funcionalidade do botão selecionado.

O sistema operativo Symbian oferece um menu novo e mais simples que fornece feedback audível e acesso a funções e caraterísticas comuns. Ao navegar pelos menus, o utilizador é informado do que é apresentado e das acções possíveis a tomar. A solução recebeu boas reacções; no entanto, foi desenvolvida para uma versão mais antiga do Symbian, o que a torna incompatível com os telemóveis Symbian actuais [39]

O Eyes-free Shell é um projeto de código aberto para a plataforma Android criado por [40]; substitui a interface de utilizador existente nos telemóveis por um novo sistema de menus, que permite aceder facilmente a aplicações, bem como a informações sobre a hora e a localização atual. O Eyes-free Shell utiliza feedback auditivo e gestos para navegar entre menus. O utilizador pode procurar aplicações utilizando o mesmo tipo de técnica apresentada anteriormente. A aplicação faz parte de uma iniciativa maior de código aberto, patrocinada pela Google, que visa tornar os telemóveis tácteis mais acessíveis. No entanto, algumas funcionalidades requerem botões físicos, o que torna a solução proposta inacessível a determinados telemóveis. A dependência de gestos também pode ser problemática, como indicam os resultados de outros projectos mencionados acima [41].

2.8.1 Enquadramento

A revisão da literatura apontou vários aspectos que dificultam a utilização eficaz de telemóveis com ecrã tátil por pessoas com perda de visão. Embora vários factores possam justificar uma análise mais aprofundada, o aspeto que se destacou como o principal obstáculo é o funcionamento do próprio ecrã tátil. Com base na literatura, a tabela 1 apresenta uma estrutura que aponta os factores mais importantes para o desenvolvimento de uma nova IU para telemóveis com ecrã tátil. Tabela 1: Apresenta uma estrutura para os principais problemas que as pessoas com perda de visão encontram quando utilizam telemóveis com ecrãs tácteis.

No	Guidelines	Description
1	Design an artifact	A model, method or an instantiation should be constructed in the project
2	Problem Relevance	Develop a solution to solve a business problem
3	Design Evaluation	Evaluate the artifacts through appropriate methods
4	Research contributions	The research field should be made familiar with the outcome of the project
5	Research Rigor	Comprehensive methods should be used during and after construction of artifacts to verify the results
6	Design as a search process	Designed results should be achieved through appropriate methods
7	Communication of research	The outcome should be presented in an efficient way; both to a technically and a management audience

Table 2.2: Diretrizes de investigação de conceção por [2]

2.8.2 Transformar um telemóvel numa ajuda de assistência

O telemóvel goza de uma popularidade crescente, proporcionando novos meios de conetividade e funcionalidade. Hoje em dia, a maioria dos telefones vem equipada com ecrãs tácteis, que permitem ao utilizador interagir de uma forma mais fácil e eficiente, em comparação com os botões normais. No entanto, estes ecrãs requerem uma navegação visual, o que exclui o acesso das pessoas com deficiência visual; evidentemente, os telefones modernos não foram concebidos para este grupo de utilizadores.

Ao analisar o mercado dos telemóveis, as soluções disponíveis e a tecnologia atual, verificou-se que nem a sociedade, nem os fabricantes de produtos e serviços estão a conceber soluções para as pessoas com deficiência visual. Assim, é negado a este grupo o acesso aos inúmeros serviços e possibilidades que as pessoas com visão têm na utilização de telemóveis. No entanto, é possível operar telemóveis através da utilização de aplicações denominadas leitores de ecrã, mas estas aplicações têm-se revelado ineficazes e pouco fáceis de utilizar em ecrãs tácteis. Assim, esta dissertação propõe-se encontrar uma abordagem alternativa para construir uma solução que torne os telemóveis tácteis acessíveis às pessoas com deficiência visual.

2.8.3   Tecnologias e modelos incorporados no sistema proposto

Foram apresentados vários modelos para a conclusão bem sucedida de um projeto de investigação em Design. Um deles, apresentado por [42], baseia-se em duas abordagens amplamente aceites à investigação em Design. O método recomenda o modelo de [43] para o enquadramento geral do projeto e o modelo de [44] para avaliar os resultados. A abordagem de [45] é um modelo de cinco etapas, concebido para orientar um projeto desde o arranque até à solução final. Os passos são;

(i) Consciencialização do problema, que se concentra em destacar ou melhorar os resultados de um problema existente.

(ii) Etapa de sugestão, em que o problema é analisado com base nos conhecimentos e na teoria existentes, culminando numa tentativa de conceção.

(iii) O desenvolvimento é a etapa seguinte, em que o projeto tenta implementar um artefacto de acordo com a solução sugerida

(iv) A solução é então avaliada na quarta etapa.

(v) Todo o projeto é concluído com uma conclusão em que são avaliados os resultados do projeto.

O modelo de cinco etapas foi criticado por ser demasiado dependente dos métodos de desenvolvimento tradicionais[46]. [46] A etapa de sugestão é a única etapa que permite uma contribuição criativa e é também a única etapa que separa o modelo dos métodos de desenvolvimento mencionados. No entanto, é de notar que as etapas são apenas sugestões e não requisitos absolutos [47]; permitindo assim que o projeto faça as alterações que considerar necessárias.

CAPÍTULO 3

METODOLOGIA

Nesta investigação, foram utilizados métodos de recolha de dados e de investigação de conceção para o desenvolvimento da tese.

3.1 Panorama geral

A investigação partiu do pressuposto geral de que uma parte crescente dos telemóveis actuais se baseia no toque e foi concebida para pessoas com deficiências não visuais. Na primeira fase, foram efectuados métodos de recolha de dados mais aprofundados, ou seja, entrevistas e análise de investigação documental, centrados em elementos e questões relacionados com o desenvolvimento de tecnologia de assistência para pessoas com deficiência visual

3.2 Métodos de recolha de dados

Os dados foram recolhidos de fontes primárias e secundárias utilizando vários métodos. O estudo foi efectuado numa das associações de cegos da região central do Uganda. Os inquiridos eram membros com deficiência visual da associação, cujos nomes não foram mencionados para maximizar a confidencialidade. Isto está de acordo com Gall et al. (2007) que salientou que uma boa regra ética a seguir é minimizar o número de pessoas que conhecem a identidade dos participantes na investigação. Gall et al. salientaram que a confidencialidade deve ser protegida não identificando os inquiridos nem pelos seus nomes nem pelas suas localizações em quaisquer publicações resultantes de uma tese de investigação.

3.3 Método de realização do primeiro objetivo

Identificar as lacunas dos actuais protocolos de navegação nos ícones do ecrã das aplicações para telemóveis inteligentes e especificar os requisitos para a conceção e o desenvolvimento de protocolos melhorados.

Para atingir este objetivo, foi realizada a fase de análise dos requisitos (fase de planeamento), que incluiu requisitos funcionais e não funcionais. Isto foi feito após a compreensão das principais funcionalidades do sistema e, em seguida, iniciou-se a fase de prototipagem, em que as interfaces do utilizador surgem para começar a esboçar o sistema. O protótipo permitiu ao investigador analisar os requisitos de uma forma mais profunda e conceber os protocolos em forma de desenvolvimento de requisitos e protótipo.

3.3.1 Método de entrevista

O investigador utilizou técnicas de amostragem aleatória para selecionar o grupo de inquiridos a entrevistar na Associação Nacional de Cegos do Uganda (UNAB). Este método foi utilizado para dar oportunidades iguais a diferentes categorias de pessoas com deficiência visual de participarem no estudo e garantir a obtenção de informações detalhadas, sem preconceitos dos inquiridos e do investigador, para identificar as lacunas dos protocolos actuais de navegação nos ícones do ecrã das aplicações para smartphones. O grupo de amostragem envolveu 8 inquiridos, tanto homens como mulheres, incluindo o diretor executivo da associação.

3.3.2 Análise da investigação documental

O investigador visitou fisicamente a UN AB para recolher dados secundários sobre as pessoas com deficiência visual em relação à utilização de smartphones. O investigador obteve informações de fontes publicadas relacionadas com a deficiência visual, tais como relatórios, dados de censos e informações demográficas. Foram também consultados sítios Web que representam grupos especiais de utilizadores, como o UN AB, o Royal National Institute for the Blind, entre outros, a fim de preencher as lacunas identificadas na recolha de dados primários.

3.3.3 Análise de dados

Foi efectuada a fase de análise dos requisitos (fase de planeamento), que incluiu requisitos funcionais e não funcionais. Isto foi feito após a compreensão das principais funcionalidades do sistema e, em seguida, iniciou-se a fase de prototipagem, em que as interfaces do utilizador surgem para começar a esboçar o sistema. O protótipo permitiu ao investigador analisar os requisitos de uma forma mais profunda e conceber os protocolos moldados com o desenvolvimento dos requisitos e do protótipo.

3.3.3.1 Análise de requisitos

O objetivo desta fase era encontrar um conjunto de necessidades e expectativas de suporte para smartphone que foram extraídas. Assim, foi efectuada dentro das seguintes categorias:

(i) Requisitos funcionais: Os principais requisitos solicitados pelos utilizadores. Estes requisitos descrevem o modo como a aplicação ou o produto deve funcionar na perspetiva do utilizador final.

(ii) Requisitos operacionais: Trata-se de requisitos que são executados em segundo plano para manter a aplicação ou o produto a funcionar durante períodos de tempo.

(iii) Requisitos técnicos: Os requisitos que definem os aspectos técnicos, como a versão do software ou do sistema. Estes requisitos definem as especificações de um produto.

3.3.4   Método de realização do primeiro objetivo

Identificar os requisitos para a conceção e o desenvolvimento de protocolos para navegar nos ícones do ecrã de uma aplicação para smartphone.

A abordagem utilizada foi a criação de protótipos com desenvolvimento baseado em módulos. Os módulos desenvolvidos foram reunidos para formar sistemas de teste e protótipos efectivos, nos quais foram experimentados vários aspectos da funcionalidade de teste. Os componentes funcionais foram mantidos e melhorados, enquanto os componentes não funcionais foram desactivados e outros acabaram por ser eliminados. Basicamente, uma abordagem híbrida envolvendo o uso de desenvolvimento baseado em módulos e prototipagem levou ao desenvolvimento de um sistema sombra que foi mais tarde traduzido na aplicação final de telemóvel para navegação não visual de ícones de uma aplicação para smartphone. No centro de todo o processo esteve a codificação com múltiplas implementações alternativas dos procedimentos que incorporam o processo e os protocolos desenvolvidos para a investigação.

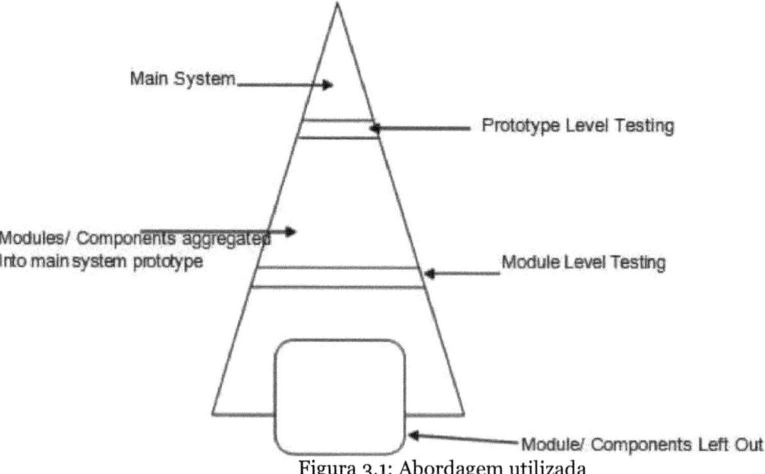

Figura 3.1: Abordagem utilizada

Foram efectuados testes baseados em módulos para garantir que cada componente funcionava de acordo com o planeado antes da integração no sistema sombra (protótipo principal). Isto foi feito para identificar rapidamente os problemas de uma forma mais isolada e para os resolver. Os módulos que passaram nos testes a nível de módulo foram então transferidos para um sistema sombra, formando um esqueleto visível do sistema final, e testados quanto ao seu funcionamento unificado.

3.4 Método de realização do objetivo nº 2

Conceber protocolos melhorados para a navegação por ícones no ecrã de aplicações não visuais para telemóveis inteligentes.

Na fase inicial da fase de conceção, foi utilizado um processo iterativo de atenuação dos riscos denominado Architectural Tradeoff Analysis Method (ATAM). O ATAM ajudou a otimizar os compromissos de conceção e foi realizado nas seguintes etapas, como se pode ver na Figura 3.2 abaixo.

(i) Identificação dos requisitos e dos condicionalismos: nesta fase, foram anotados todos os condicionalismos para a aplicação destes requisitos.

(ii) Descrever as perspectivas da arquitetura: Na perspetiva da investigação, a arquitetura era o sistema operativo e as interfaces sobre as quais os smartphones eram parcialmente construídos. Nesta etapa, foram comparadas arquitecturas concorrentes, como a versão 4 do iOS do iPhone e a versão 4 do Android do Google. A análise das caraterísticas distintivas e a fundamentação das diferentes arquitecturas foram feitas nesta etapa. Também nesta fase, as arquitecturas foram comparadas e não foi tomada qualquer decisão quanto à escolha entre elas.

(iii) Análise específica por atributo: Cada atributo de qualidade, como a facilidade de navegação, a facilidade de utilização dos elementos de acessibilidade, etc., foi analisado isoladamente em cada arquitectura, por ordem aleatória. Esta análise conduziu a conclusões quantitativas relativamente a cada arquitetura.

(iv) Identificação dos pontos sensíveis: a análise foi efectuada para verificar de que forma as alterações de conceção poderiam afetar o sistema existente e o seu desempenho. Os pontos sensíveis, neste caso, eram as caraterísticas do smartphone que poderiam ser significativamente afectadas após a consideração de uma nova conceção.

(v) Identificação de soluções de compromisso: Nesta etapa, foram identificados os pontos de equilíbrio e utilizados para escolher o que era viável implementar. Por exemplo, optou-se por melhorar as funcionalidades já existentes na versão 4 do sistema operativo Android em vez de criar novas funcionalidades.

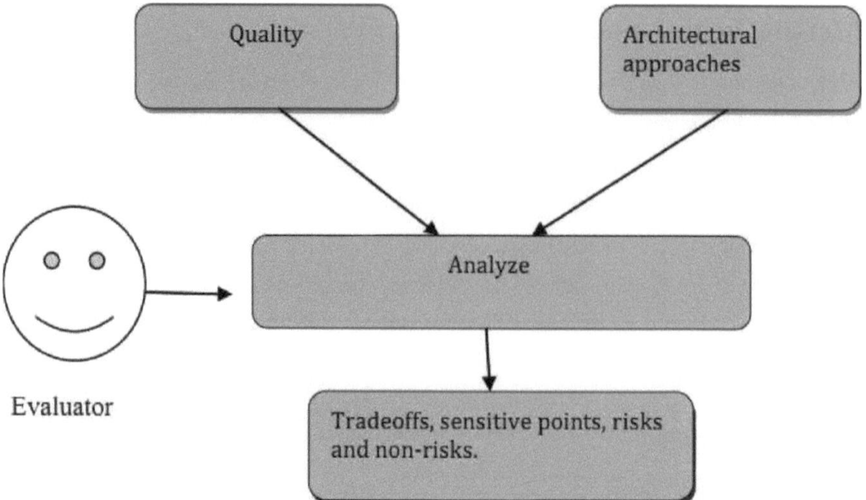

Figura 3.2: Método de análise de compromisso arquitetónico.

Uma vez que se pretendia utilizar o sistema operativo Android, todos os protótipos foram desenvolvidos para dispositivos Android. Os protótipos foram desenvolvidos utilizando o pencil - uma ferramenta de desenho que facilita a conceção e a criação de interfaces de utilizador para smartphones e tablets que pertencem à plataforma Android. A prototipagem é a fase mais importante, uma vez que o aspeto e a sensação dos produtos devem ser facilmente utilizáveis por pessoas com deficiência visual. Foi criada uma aplicação de lupa e uma aplicação para ativar facilmente o serviço de conversão de texto em voz.

3.5Método de realização do objetivo nº 3

Desenvolver uma aplicação para smartphone utilizando o sistema operativo android que integre os protocolos desenvolvidos.

A aplicação desenvolvida era instalável, o que significa que pode ser instalada e desinstalada no telemóvel sempre que desejado, e descarregada através de meios com ou sem fios como um ficheiro/pacote executável (.apk). Foram utilizados métodos de desenvolvimento ágeis devido à experimentação efectuada e à grande adaptação esperada. Foi também necessário incorporar os inquiridos (deficientes visuais) e o seu feedback numa fase inicial para aumentar a satisfação dos utilizadores. As aplicações foram desenvolvidas para Android versão 4.0/4.1 e executadas na máquina virtual Android e em dispositivos reais (HTC One X com Android versão 4.0 e versão actualizada 4.1). Os aspectos de usabilidade das aplicações foram monitorizados durante toda a fase de desenvolvimento. A figura 3.4 abaixo mostra como foi feito o desenvolvimento iterativo.

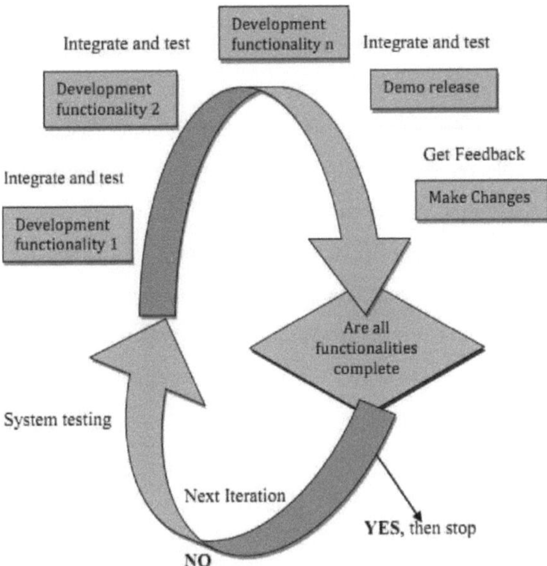

Figura 3.3: Desenvolvimento ágil.

3.6Método de realização do objetivo nº 4

Implementar a aplicação desenvolvida para smartphone e navegar pelos ícones dos ecrãs das aplicações de um determinado smartphone e testar a eficiência dos protocolos desenvolvidos.

3.6. 1Teste do sistema

O investigador testou a eficiência do sistema dando aos inquiridos a oportunidade de executarem sozinhos diferentes tarefas no sistema operativo do smartphone Android. O investigador começou por testar ambas as aplicações em vários telemóveis com Android 4.0 e 4.1, como o HTC One X, o HTC Incredible S e o Samsung Galaxy S2, para identificar os efeitos que surgiriam nos telemóveis. À medida que as operações dos inquiridos iam decorrendo, os principais interesses dos investigadores eram descobrir;

(i) Qual foi a facilidade com que os utilizadores navegaram na aplicação desenvolvida?

(ii) Com que rapidez pode um utilizador navegar na aplicação desenvolvida?

3.6.   2Avaliação da usabilidade

Foi realizada uma avaliação do sistema pelo utilizador, utilizando o método dos protocolos Think aloud. Os protocolos "pensar em voz alta" incentivaram os utilizadores entrevistados a pensar em voz alta; a dizer o que lhes ia na alma enquanto utilizavam a interface num dispositivo. Quando os utilizadores não tinham problemas em utilizar a interface, eram capazes de falar tão depressa quanto pensavam. Assim, o método de pensar em voz alta funcionou melhor quando os utilizadores enfrentaram alguns problemas, porque tiveram tempo suficiente para dizer o que estavam a pensar. A principal vantagem desta abordagem foi a obtenção de feedback qualitativo e quantitativo dos utilizadores, uma vez que o investigador pôde tomar notas quando os participantes realizaram diferentes tarefas. Além disso, os participantes tiveram a oportunidade de comentar sempre que encontraram uma questão ou um problema.

CAPÍTULO 4

CONSTATAÇÕES E RESULTADOS
4.1   Protocolos existentes e suas propriedades

No mundo atual, estão disponíveis várias aplicações implementadas pela Google, como o leitor de ecrã, o talkback, entre outras, para ajudar as pessoas com deficiência visual a utilizar os smartphones para aceder a informações. No entanto, a maioria das aplicações disponíveis são pagas e as que estão disponíveis gratuitamente carecem de acessibilidade e usabilidade [48]. A questão do custo limita o nível de usabilidade devido ao facto de o grupo de utilizadores de smartphones com deficiência visual ter a maior percentagem de potenciais trabalhadores desempregados em comparação com o resto da população. Ao ouvir a comunicação de voz fornecida pela aplicação de leitura de ecrã, os utilizadores são capazes de perceber e navegar no conteúdo do ecrã, tornando possível a realização de tarefas como o processamento de texto, o envio de correio eletrónico, a audição de música e a navegação na Web [49]. Lê os textos em voz alta, enquanto os movimentos do utilizador são cuidadosamente avaliados e falados pela aplicação. No entanto, o acesso ao serviço de retorno de voz no sistema operativo Android não é fácil porque os ícones das aplicações em todas as secções de aplicações estão colocados demasiado perto uns dos outros. Embora ambas as aplicações sejam capazes de representar o menu e o conteúdo da aplicação, estas funções são menos avançadas quando se trata de transmitir informações precisas. Além disso, estão limitadas aos menus do telefone e, por isso, não conseguem aceder a informações dentro das aplicações. Com o avanço da tecnologia, os smartphones Android estão equipados com aplicações específicas que ajudam os deficientes visuais no seu funcionamento diário. O design estrutural destes smartphones tem muitos componentes que incluem o manipulador de entrada e o manipulador de visão, cujas funções mudam consoante o dispositivo esteja a funcionar em modo servidor ou cliente. O manipulador de entrada capta os eventos de toque e de sensor, respetivamente.

Existing protocols	Non-Visual Navigation Support	Visual Navigation Support
screen layout	Current smart phones are designed with smooth platform screens. This becomes complicated in identifying icons when it comes to non-visual user hence minimizing the effectiveness of communication	Reduces the time taken to perform certain actions whether calling, saving or searching for any application/ number on the smart phone.
Speed	Smartphone applications are designed with high level of sensitivity in that they require quick navigation of icons which doesnt favour non-visual persons who require working at slow pace	A person with vision finds it very easy to cope up with smart phone sensitivity since whatever step is taken as well as icon displayed on the screen, are seen at the same time.
Swiping	When it comes to receiving/ rejecting calls, or performing any action that require swiping, more confusion arise to visually impaired users as they find it hard to identify the required direction to perform the necessary action.	cheap and easier since doesnt involve button typing method
Text Notification	The sounds of different texts received on smart phones sound almost the same and without sight to see and ability to read and differentiate them, cause confusion to the recipient i.e email messages, social media, text messages , etc sound the same when arrive on phone.	The system with smart phones works it very well for sighted users since different messages are displayed with different icon symbols and therefore becomes easy for users to tell the type of message received even before opening it.

Arrow Direction	In case of incoming calls, accepting icon (green) and rejecting icon (red) are designed in such a way that their arrows point in opposite directions requiring the user to swipe in the same directions for any of the arrows to perform the action of interest. This is definitely a challenge for visual impaired users to identify and maintain the specific directions.	Identifying and moving in the same line of specific arrow direction during incoming calls i.e. accepting or rejecting a call is very possible for sighted users as they are able to see and understand the necessary action to take.
Icon Arrangement	For different smart phones, different icons are just displayed randomly without being arranged in their alphabetical orders.This cost much time to allocate a specific icon most especially when it comes to a non-visual user who has to rotate in search for certain icon for a certain activity.	With or without alphabetical arrangement of icons on the screen, sighted users find no challenge in allocating what they want, since it is just a matter of seeing the icon and placing on it to perform the needed function.
Input Handling	Addition of data ie music, contacts, airtime loading, new applications, games among others, to smart phones is very complicated to visually impaired users since identifying an item/ number basically requires someone to visualize, upload and save them.	Generally data addition to smartphones is even more simplified and quickened when a user is able to see, read and type.

Privacy	The system that favours visually impaired users is always guided by audio, therefore whatever is being typed, read, uploaded is heard by everyone within the vicinity, hence no privacy in usage.	Privacy is very effective for sighted users as audio application is not necessary. A user types, reads, uploads every information without attracting anyones attention.
Information Retrieval	Retrieving/ deleting the uploaded information within the smart phone still bears complications as users without sight, find it hard to tell or identify the real information of their interests e.g. identifying a certain music track from music album confuses them.	Since it only requires opening, scrolling, reading and then activating/ de-activating the item of interest, life remains softer to sighted smartphone user when it comes to retrieving the information.
Security	The only favourable way for non-visual smartphone users to secure information within their phones, is application of face/ voice recognition methods to open phones screens.However the methods are still ineffective since the screen can still open in case the user has other people that resemble him/her	Sighted users have variety of security methods that favour their usage of smart phones which are very effective like pattern, password, among others to lock and unlock their phone screens or applications.
Baterry	With smart phones, as battery become low to about 20 percentage, within the course of the phone functioning, the alerting alarms start notifying the user. However understand the remaining percentage is not possible for non- visual users as the alarming sound doesnt change for different stages of battery usage.	Battery usage warnings go hand in hand with display of remaining percentage in form of figures. Thus the sighted user gets helped to be reminded about connecting the phone to the charger as well as knowing the remaining amount of phone battery. This protects users from abrupt phone blackouts.

Tabela 4.1: Uma tabela que mostra as propriedades dos protocolos existentes

4.2   Requisitos de conceção

Os requisitos para o sistema foram obtidos através da realização de uma análise dos problemas de leitura e da funcionalidade pretendida que impediria uma pessoa de ler audivelmente o conteúdo do ecrã. O principal problema dos smartphones é a acessibilidade da função Texto para Voz; não é fácil para um utilizador com deficiência visual ativar esta funcionalidade, uma vez que está colocada de forma inacessível nos menus Definições e Acessibilidade. Assim, um requisito de conceção importante é tornar as funcionalidades existentes nos smartphones mais acessíveis, permitindo aos utilizadores localizar, ativar e desativar facilmente as funcionalidades.

Segue-se um conjunto de requisitos gerais que foram seguidos na elaboração de protocolos melhorados:

1. Mantenha tudo simples, com textos de grandes dimensões e botões espaçados,

2. Escolha layouts simples, como layouts lineares ou layouts relativos, e evite layouts de rolagem, pois os deficientes visuais têm dificuldade em controlar a velocidade de rolagem,

3. Os textos devem ser grandes e os tipos de letra simples. Os textos e os fundos devem utilizar cores contrastantes, como o preto e o branco, respetivamente,

4. Eliminar os botões de alternância e utilizar dois botões para opções como SIM e NÃO com um espaço mínimo de um dedo indicador médio entre eles. Os botões de alternância são confusos e difíceis de utilizar por pessoas com deficiências visuais. Manter a largura dos botões SIM e NÃO e o espaçamento entre eles ligeiramente maior facilitará a sua utilização,

5. O facto de os textos e as descrições dos botões estarem a negrito facilita o processo de leitura. Além disso, a existência de diálogos de alerta claros é importante sempre que necessário, especialmente ao ativar ou desativar funcionalidades e serviços.

6. Conceber dois layouts diferentes, um para o modo retrato e outro para o modo paisagem, para evitar problemas de visualização quando o utilizador muda a orientação de paisagem para retrato e vice-versa. 7. Utilizar ícones de notificação luminosos para os utilizadores com deficiências visuais.

8. Incorporar os nomes dos ícones numa seta para a frente e para trás com um botão no meio para seleção (ok).

1.1.1   Os protocolos melhorados

Os protocolos melhorados foram concebidos com as seguintes caraterísticas para colmatar as lacunas na navegação dos ícones do ecrã das aplicações para smartphones por parte dos utilizadores com deficiência visual:

1. Ter os nomes dos ícones das aplicações armazenados num formato de matriz, de modo a reduzir o número de passagens.

2. Ter as setas de navegação para a frente e para trás para ajudar a navegar de um ecrã para outro, de modo a contrariar as velocidades rápidas que existem ao deslizar.

3. As setas de navegação para cima e para baixo funcionam como um atalho para o utilizador aceder facilmente ao painel de notificações e abrir os textos de interesse.

4. Ter o botão maior no meio do ecrã para reconhecimento de impressões digitais, a fim de garantir a segurança efectiva da informação no telemóvel inteligente através da autenticação e autorização de acesso.

5. Os ícones de aceitação e rejeição são apresentados separadamente no ecrã, ou seja, o ícone de aceitação na parte superior e o ícone de rejeição na parte inferior do ecrã, exigindo que o utilizador apenas toque e mantenha premido cada ícone para realizar a atividade pretendida.

6. Aplicação de notificação concebida de forma a que as mensagens recebidas de diferentes categorias possuam notificações sonoras diferentes, anunciando as suas categorias. Ou seja, as mensagens de correio eletrónico, de redes sociais e de texto são anunciadas de forma diferente. Isto ajuda os utilizadores não visuais a identificar automaticamente a categoria da mensagem recebida.

7. Os smartphones foram concebidos de forma a que, à medida que os utilizadores consomem a bateria até um determinado ponto, recebendo notificações sobre a sua fraca capacidade, a percentagem restante é apresentada e anunciada no ecrã para que o utilizador tenha a certeza do tempo restante de utilização do telefone, evitando assim apagões abruptos. O telemóvel inteligente também notifica o utilizador quando a bateria está totalmente carregada para evitar sobrecargas ou subcargas.

8. Os ícones das aplicações são apresentados no ecrã por ordem alfabética, a fim de reduzir o tempo de navegação consumido pelos utilizadores não visuais ao virarem as diferentes páginas do ecrã em busca de determinados ícones para os fins pretendidos.

9. Sistema melhorado concebido com comunicação áudio de um objeto específico através de uma ação de toque. Isto permite que os utilizadores, em especial os deficientes visuais, compreendam/digam rapidamente o objeto real que está a ser tratado. Por exemplo, à medida que o utilizador percorre a lista de objectos específicos, é-lhe fácil selecionar o objeto de interesse.

10. O smartphone foi concebido de forma a que, à medida que o utilizador, ou seja, o deficiente visual, digita uma mensagem, cada letra/figura que é tocada continua a anunciar-se para permitir que o utilizador compreenda facilmente o nome da letra/figura e, em seguida, gera o texto de interesse.

Fluxograma do sistema

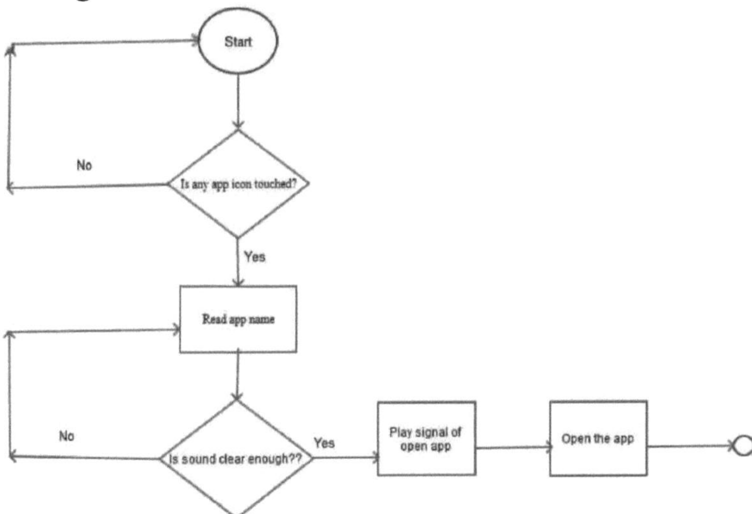

Figura 4.1: Fluxo de acesso aos ícones das aplicações no telemóvel

4.3.1 Procedimento

A aplicação funciona em segundo plano como um serviço quando é iniciada. Só fica totalmente ativa se o utilizador tocar num ícone da aplicação. Se tocar num ícone de uma aplicação, o nome do ícone da aplicação é lido pelo utilizador. Presume-se que isto seja suficientemente claro para o consumo do utilizador, mas se o utilizador considerar que não é claro e, por conseguinte, incompreensível, pode tocar no ícone da aplicação e voltar a ler o nome do ícone da aplicação. Isto repete-se até que o utilizador fique satisfeito com o som relativo ao nome do ícone da aplicação, sendo então emitido um sinal (sob a forma de som) para alertar o utilizador de que a aplicação tocada foi agora aberta. Isto é feito enquanto a aplicação cujo ícone foi tocado está a ser lançada.

4.4 Descrição dos protocolos concebidos

O principal objetivo desta investigação foi desenvolver protocolos melhorados para a navegação não visual do ícone do ecrã das aplicações dos smartphones. Pretendia-se assim ajudar os utilizadores de smartphones com deficiência visual a aceder facilmente às aplicações nos seus smartphones. Foi tida em consideração uma série de protocolos melhorados, tal como indicado na secção 4.3.

4.4.1 Especificação do hardware

Estes protocolos foram desenvolvidos utilizando um ambiente de plataforma de telemóvel e, após testes, concluiu-se que funcionariam melhor em smartphones com o sistema operativo Android com, pelo menos, o nível 19 da API.

4.4.2   Especificação do software

O investigador utilizou o IDE android studio versão 1.0 para desenvolver os protocolos.

4.5   Protocolos desenvolvidos

Esta secção contém pormenores sobre os vários protocolos melhorados que foram desenvolvidos

4.5.1   Protocolo de acesso ao ecrã inicial

1. *Ligar o telemóvel inteligente android*

2. *Instale a aplicação EyeDroid uma vez pela primeira vez e está concluída e pronta para funcionar continuamente.*

3) *Aguarde cerca de 5 segundos e, em seguida, a aplicação para o ecrã inicial é lançada automaticamente.*

4. *ativar a aplicação EyeDroid para ativar a saída de texto para voz para que cada item se anuncie*

4.6   Definições do EyeDroid

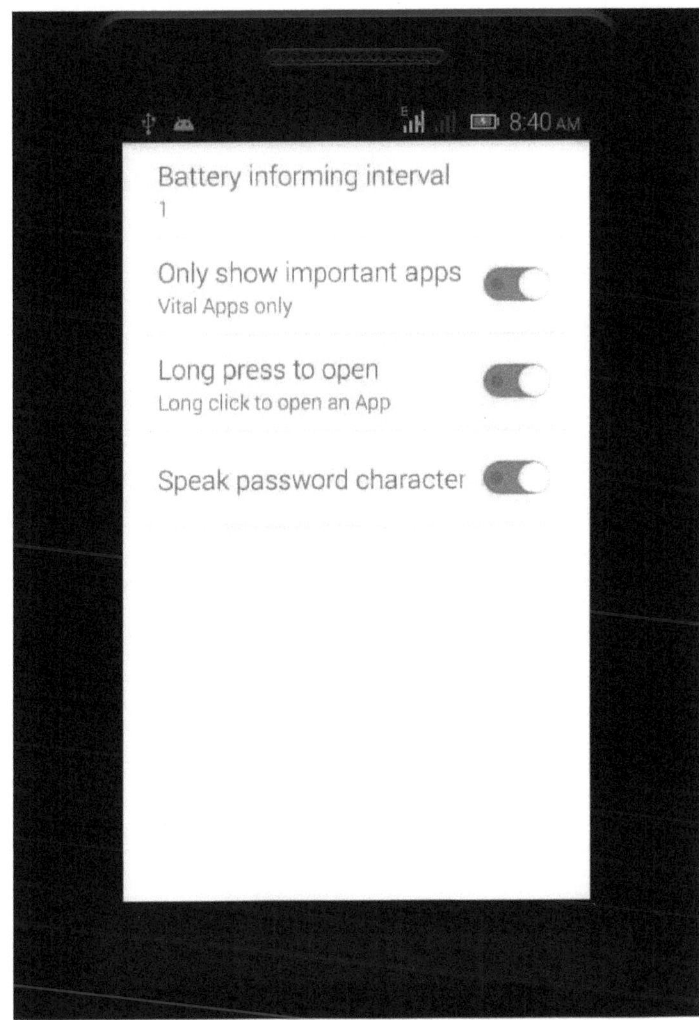

Figura 4.2: Definições gerais da aplicação

Se a primeira definição (Mostrar apenas as aplicações importantes) estiver activada, apenas as aplicações mais utilizadas, como o Marcador, as mensagens, as definições, o cacifo, a música, entre outras, são apresentadas, o que poupa tempo, uma vez que o utilizador não precisa de percorrer muitas aplicações para encontrar a aplicação que lhe interessa.

Se a segunda definição (Premir demoradamente para abrir) estiver activada, elimina os erros de abertura involuntária de aplicações durante o deslize, permitindo assim que a pessoa com deficiência visual prima demoradamente a aplicação da sua escolha para a ativar e executar funções do seu interesse.

Com a terceira definição activada, os caracteres da palavra-passe introduzidos, por exemplo 123, no bloqueador de ecrã pronunciam-se cada um de cada vez que o utilizador os introduz. Isto ajuda a melhorar a segurança do telemóvel, uma vez que cada utilizador é livre de definir os dígitos/figuras da sua escolha e manter a confidencialidade para si próprio.

4.7   Ecrã da página inicial

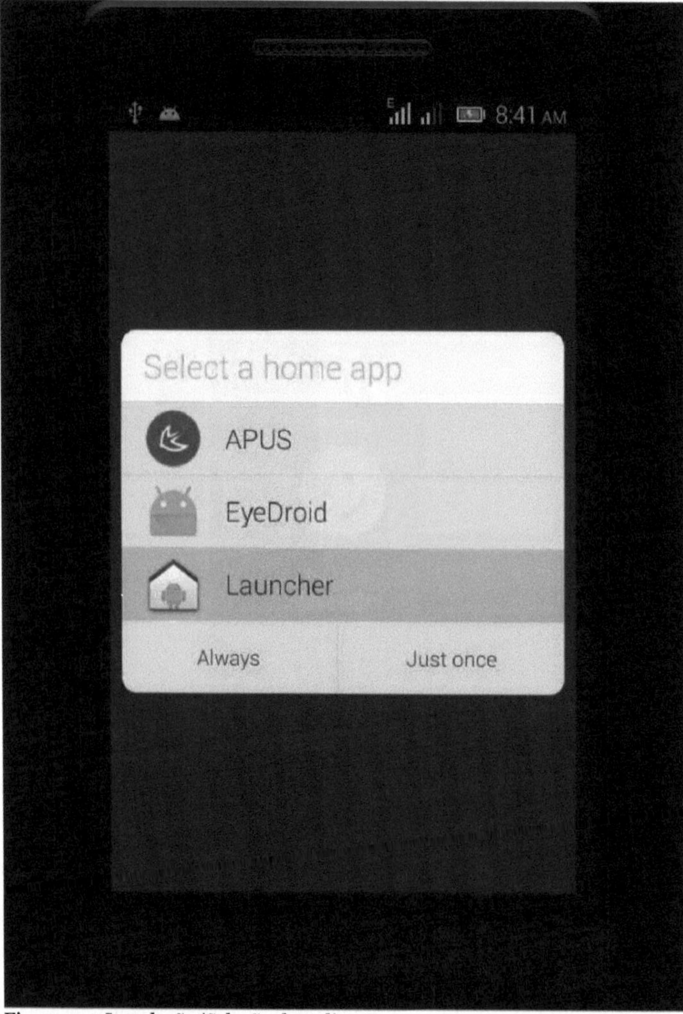

Figura 4.3: Instalação/Seleção da aplicação

O utilizador seleciona uma aplicação doméstica instalada a partir de qualquer telefone inteligente, em função dos seus interesses e capacidades. Com os protocolos melhorados, um utilizador com deficiência visual pode selecionar facilmente a aplicação EyeDroid para poder executar as funções que lhe interessam ao mesmo ritmo que os utilizadores com visão que utilizam aplicações diferentes. Apenas a aplicação EyeDroid se anuncia quando é tocada e, em seguida, é aberta com uma pressão prolongada sobre a mesma aplicação

4.7.1 Comparação do protocolo desenvolvido com o existente para o ecrã inicial

Developed Protocol for home screen	Existing Protocol on home screen
Icon access is very fast since only one icon appears on the whole screen at a time	Icons are congested on the screen and therefore identifying icon of interest from the rest becomes very hard especially to a visually impaired user
No errors made while locating and activating icon of interest due to limited congestion	It involves a lot of errors while locating icon of interest among the many on the screen e.g. a user in the process taps and activates an icon unnecessarily.
Screen sensitivity of smartphone does not affect the users operation due to the fact that only one icon appears on the whole screen and every tap on that very screen intends to perform only the functions of that icon	Screen sensitivity in most cases limits the users performance by causing the user to make unintended activations of icons and hence time consuming through continuous cancelling and repeating.

para começar a funcionar num formato de texto para voz.

4.7. 2Protocolo para efetuar chamadas/digitar um número no ecrã

1. *é necessário deslizar para aceder ao ecrã com o ícone do EyeDroid dialer*

2. *toque longo no ecrã para ativar o ícone*

3. *apenas o ícone de apagar aparece na parte inferior do ecrã, seccionado num quarto do ecrã e só fica ativo quando o utilizador navega a partir da parte inferior do ecrã.*

4) *Durante a escrita de qualquer figura, o ícone de apagar permanece inativo desde que o utilizador tenha começado a escrever a partir da parte superior do ecrã, pelo que mesmo que se passe a sua secção durante a escrita, a figura escrita não é afetada.*

5. *o utilizador escreve cada figura à medida que ela se anuncia para permitir a conformação da figura correta escrita*

6) *Em caso de erro na escrita dos números, o utilizador navega ao longo da parte inferior*

parte do ecrã para eliminar o erro.

7. *Quando o número de contacto está completamente escrito e o utilizador coloca o telefone no ouvido, o nome do contacto anuncia o nome guardado, se já estiver guardado no telefone. E quando não está guardado, o telefone lê primeiro os dígitos introduzidos para permitir a confirmação do contacto correto introduzido.*

8. *Quando o contacto termina de se anunciar, o telefone começa imediatamente a ligar para o contacto introduzido.*

9. *A chamada é automaticamente desligada assim que o utilizador a afasta do ouvido.*

4.8 Geração de contactos

Figura 4.4: Criação/marcação de contactos

Trata-se de um ecrã de marcação para pessoas com deficiência visual. O utilizador tem de introduzir os dígitos necessários para compor um número de contacto, colocar o telefone no ouvido e esperar que a chamada seja efectuada. A aplicação permite que cada dígito introduzido seja anunciado em voz alta, de modo a que o utilizador possa reconhecer a conclusão dos dígitos necessários. Se o utilizador cometer um erro ao introduzir um dígito errado, é colocado um botão de reposição para o eliminar.

4.8.1 Comparação do protocolo desenvolvido com o existente para chamadas

Developed protocol for calling	Existing protocol for calling
The process of entering contacts in the phone is free from errors since the whole space is free to be used for that particular action	Entering a contact is almost impossible for a visually impaired person because many figures appear at the same time on the screen requiring a user to keep selecting the interested ones from the many hence a lot of errors involved
It involves few steps of writing figures to make a call and then the rest occur automatically hence no frustration	After successfully typing all the figures of the contact, the user still labours to identify the call icon which is still congested among other icons and therefore high chances of clearing out dialed figures by accident and hence going back to zero.
The user is able to control the speed at which operation of the exercise should be done since it is up to the user to determine the writing pace of his/her capacity.	The user must perform at the designed speed of the phone hence the action doesnt operate in favour of the users capacity.

Depois de introduzir com êxito o número de contacto, o nome da pessoa que está a ser chamada é anunciado ao autor da chamada, caso o número já esteja guardado no telemóvel, para que o utilizador se certifique de que está a ser contactada a pessoa certa.

4.8. 2 Protocolo de funcionamento da receção de uma chamada

1. *quando há uma chamada recebida, apenas dois ícones, ou seja, receber e rejeitar, aparecem em todo o ecrã*

2. *o ecrã está dividido em duas partes iguais, uma destinada à receção e outra à rejeição das chamadas*

3) *O ícone de receção aparece na parte superior do ecrã e o ícone de rejeição na parte inferior.*

4. *se o número da chamada recebida já estiver guardado no telemóvel, o nome guardado anuncia-se à medida que a chamada prossegue*

5. *o utilizador navega a partir de qualquer uma das extremidades do ecrã, consoante a ação pretendida*

4.9   Gestão dos Cals recebidos

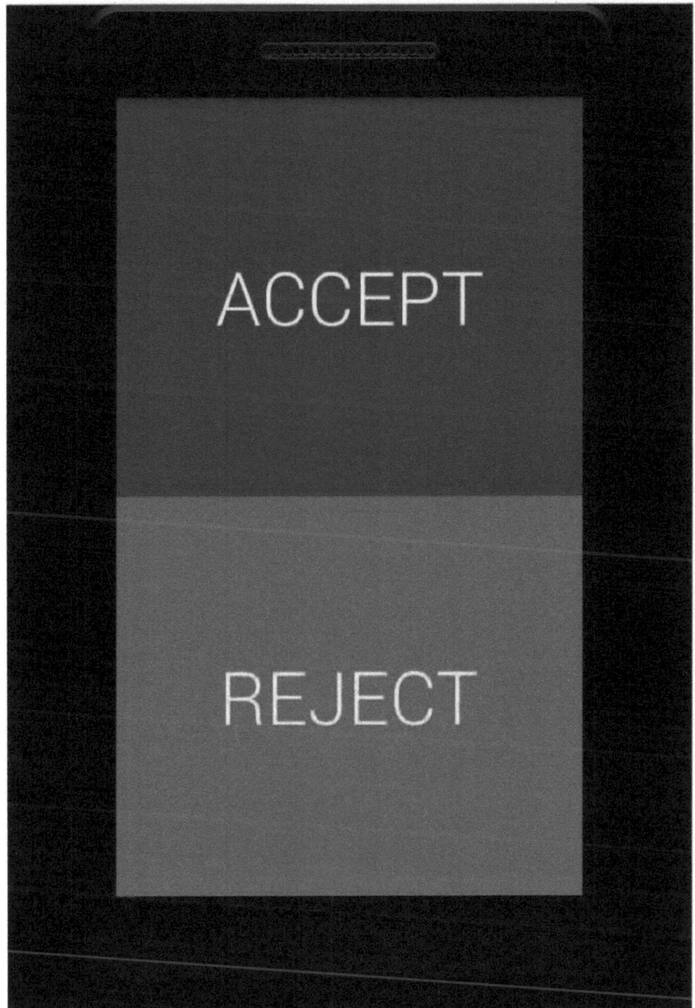

Figura 4.5: Gestão das chamadas de entrada

Quando a chamada é recebida, o ecrã é apresentado dividido em duas partes, com a opção de aceitar na parte superior e a opção de rejeitar na parte inferior. O utilizador com deficiência visual tem de tocar uma vez em qualquer uma das opções para executar a ação pretendida. Isto ajuda a

4.9.   1Comparação do protocolo desenvolvido com o existente para o funcionamento da chamada de entrada

Developed protocol for accepting/rejecting a call	Existing protocol accepting/rejecting a call
Tapping on any area within the specified part of the screen enables activation of the icon indicated in that very part, with or without tapping exactly on that icon, which minimizes operational confusions.	Both icons are located at the same level/ point of the screen and when a call comes in, a visually impaired user always finds a lot of challenges in performing either action since it only requires navigating along the indicated direction of either icon to perform it.
The user is given opportunity to know the source of the incoming call, and therefore he/she is able to tell whether it is necessary to receive, ignore or reject the call before performing any action.	The incoming calls only ring to notify the owner of the phone. This denies a visually impaired user a chance to identify the source of the call or how important it may be before attending to it.
Operational speed is very high since a mere tap at any point within either section, allows performance of the function without making any errors.	The operation requires a lot of carefulness while determining the required navigation direction of intended action which always involve a lot of errors hence time consuming

evitar a confusão que ocorre com os actuais protocolos dos smartphones ao determinar a atribuição e a direção do deslize para executar qualquer uma das funções acima referidas.

4.9.   2Protocolo de disposição dos ícones

1. *O ecrã inicial abre-se e dá as boas-vindas/notifica o utilizador*
2. *Ícones organizados automaticamente por ordem alfabética*
3. *Cada ícone aparece no seu próprio ecrã por ordem alfabética*
4. *cada ícone cobre um quarto de todo o ecrã*

5. 10 Melhoria do arranjo

Figura 4.6: Navegação por deslizamento

Este é um dos principais ícones de aplicações que são apresentados quando a configuração Mostrar apenas aplicações importantes está activada nas definições. O utilizador tem de deslizar o dedo para a esquerda ou para a direita para navegar pelas aplicações e entrar numa página do ecrã seguinte ou anterior. Para cada página aberta, a aplicação nesse ecrã diz o seu nome ao utilizador e, se a aplicação no ecrã for a interessada nesse momento, o utilizador faz uma longa apresentação

4.10.1 Comparação do protocolo desenvolvido com o existente para a disposição dos ícones

Developed protocol for arrangement of icons	Existing protocol for arrangement of icons
Determining the positions of screen icons is very easy and faster due to their alphabetical arrangement. The user easily tells how much of swiping is required to access each icon hence time saving	Positions of screen icons are very hard to determine due to their random arrangement. The user has to spend a lot of time trying to search for the icons of their interests
Improves operational speed since it only requires swiping to move from one screen icon to another	Moving from one icon to another involves a lot of tries and errors most especially to a visually impaired person hence low performance level, at the same time frustrating.
Icon activation is very easy since long tapping at whatever side of the screen enables the functioning of the icon existing on the screen at the moment	Activation of interested icon requires taping exactly on that very icon, which makes the operation exercise only worth for sighted users.

na aplicação para a abrir. A aplicação avisa o utilizador quando está aberta, falando.

4.11 Continuação do arranjo

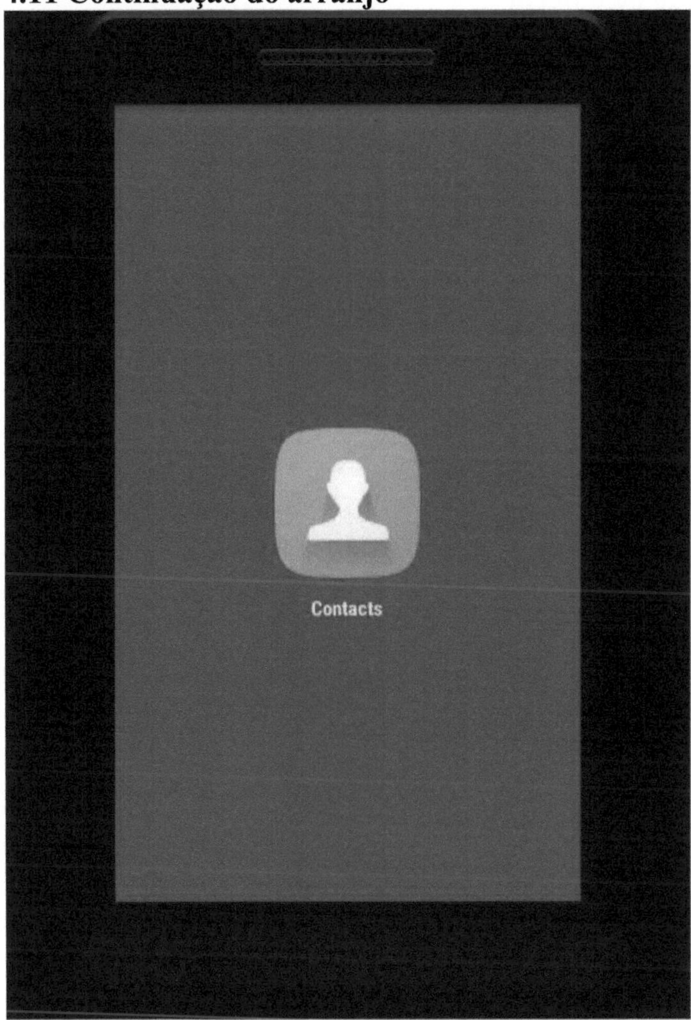

Figura 4.7: Navegação adicional para a frente e para trás

4.12   Notificação de bateria

Figura 4.8: Uma notificação de voz para o consumo da bateria

4.12.1   Notificação por voz para o consumo da bateria

Uma vez que um deficiente visual está a utilizar o seu smartphone, uma notificação deste tipo seria

útil em comparação com popups escritos, pelo que este foi um dos protocolos melhorados

desenvolvidos. Também é apresentado um brinde para chamar a atenção, pelo que uma combinação de voz e brinde tornaria essas notificações mais fáceis de receber pelo utilizador.

4.12.2 Comunicação áudio para melhorar a navegação

Isto acontece sempre que o utilizador toca num item do ecrã, facilitando assim a navegação. O nome das aplicações é lido para o utilizador, após o que a aplicação correspondente é lançada como uma intenção

4.12. 3Comparação do protocolo desenvolvido com os protocolos existentes

Utilização da bateria

Developed protocol for battery	Existing protocol for battery
The safety of the phone is maintained due to the fact that its I protected from being either overcharged or undercharge	The phone easily get spoilit since the visually impaired can hardly tell that the phone is fully charged, hence over charging or undercharging or plugging off un fully charged phone.
The user is protected from unexpected phone blackouts as the phone notifies him or her about the remaining percentage and hence gives room for preparedness.	The user always faces the challenges of unexpected phone blackouts since it is almost impossible for a user i.e. Visually impaired to know that the remaining battery is enough to complete the ongoing function.

4.12.4 Protocolo de utilização da bateria

1. *O smartphone é utilizado/funciona de forma diferente*

2. *A aplicação EyeDroid é activada para tocar na fala*

3. *À medida que o telemóvel vai funcionando, a quantidade de bateria vai diminuindo*

4. *À medida que a bateria diminui até 15 por cento, o telemóvel notifica o utilizador anunciando a quantidade de percentagem de bateria restante*

5. *Quando o telemóvel está ligado ao carregador, continua a notificar o utilizador sobre a conclusão total do carregamento, ou seja, anuncia que o telemóvel está totalmente carregado.*

4.13   Segurança dos sistemas

Figura 4.9: Desbloquear o ecrã

Trata-se de um bloqueio de ecrã que impede totalmente os não proprietários do telefone de acederem às informações nele contidas. O proprietário tem de introduzir a palavra-passe escrevendo os dígitos da palavra-passe no ecrã e, quando o utilizador tiver escrito com êxito a palavra-passe correta, o telefone desbloqueia-se automaticamente. Se o utilizador se enganar ao introduzir a palavra-passe, é colocada uma opção de reposição na parte inferior do ecrã para apagar os dígitos escritos incorretamente e, em seguida, o exercício é repetido até serem introduzidos os dígitos corretos. Os intrusos ficam assim proibidos de aceder às informações do telefone enquanto a palavra-passe definida não for conhecida.

4.14   Redefinição da palavra-passe

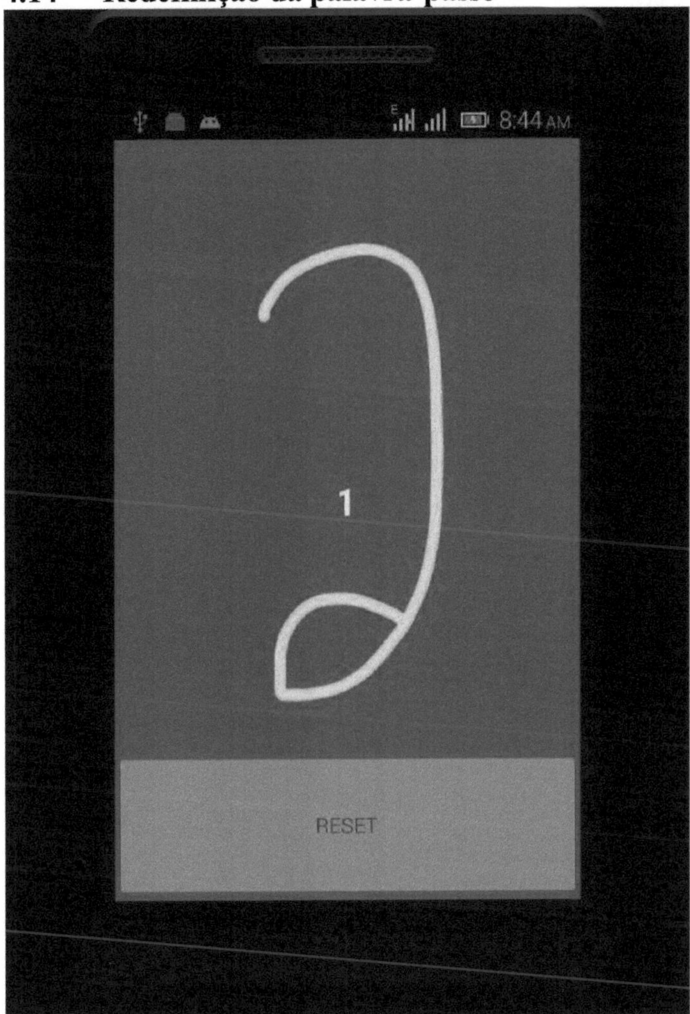

Figura 4.10: Reposição da segurança do sistema

É apresentado um ecrã livre para o utilizador escrever os dígitos definidos para desbloquear o ecrã sem ser perturbado por qualquer outra aplicação. O utilizador, ou seja, um deficiente visual, é livre de estender os dígitos até todos os cantos do ecrã sem ser limitado, porque, durante a introdução dos dígitos, mesmo passando pela aplicação de reposição na parte inferior do ecrã, a ação não é afetada, uma vez que as aplicações de reposição só estão activas quando é feito um único toque no espaço de reposição. Isto ajuda a aumentar a velocidade utilizada e, ao mesmo tempo, minimiza os erros.

4.   15Mensagem

Figura 4.11: Tratamento do texto de entrada

As mensagens recebidas notificam o proprietário do telefone da sua chegada e anunciam a sua origem, ou seja, o nome do remetente. Ao abrir o texto, a mensagem lê-se em voz alta para o utilizador.

Por conseguinte, os utilizadores de smartphones com deficiência visual não precisam de consultar os utilizadores com visão sobre as mensagens recebidas, o que melhora a privacidade dos utilizadores de smartphones sem visão e poupa o tempo que seria investido na leitura das mensagens.

4.16 Experiências dos inquiridos em termos de usabilidade e utilidade

Foi dada a oportunidade a oito (8) membros da amostra de utilizarem o sistema desenvolvido, de modo a determinar a sua experiência. Foi dada muita atenção à facilidade de acesso e de utilização dos ícones do ecrã das aplicações do sistema por pessoas com deficiência visual enquanto navegavam na nova tecnologia. Após o exercício, foi perguntado aos participantes em que medida concordavam ou discordavam que o sistema era o mais importante e adotável. 90% dos participantes consideraram que era muito fácil aceder e utilizar os ícones das aplicações do sistema, enquanto 10% estavam a avançar a um ritmo lento e explicaram que, com mais prática, também conseguiriam recuperar o atraso. 100% dos participantes indicaram que o sistema é muito importante para o seu modo de vida quotidiano, no que diz respeito ao acesso à informação e a outros serviços necessários. O diretor executivo da UNAB explicou que, com o sistema que lhes é disponibilizado, as pessoas cegas também se podem colocar ao mesmo nível das pessoas com visão na tecnologia crescente dos dias de hoje. Todos os inquiridos se mostraram positivos em relação ao sistema e muito gratos pela preocupação e ideia dos investigadores de digitalizar a vida das pessoas com deficiência visual.

4.16.1 Determinação da eficiência e eficácia do sistema de aplicações para smartphones

O quadro seguinte apresenta a distribuição da perceção dos inquiridos relativamente à análise das principais funções e capacidades do sistema em termos de eficiência e eficácia no âmbito dos novos protocolos melhorados concebidos. A este respeito, os inquiridos da Associação Nacional de Cegos do Uganda revelaram uma forte concordância com as afirmações discutidas com o investigador durante a entrevista. Os inquiridos concordaram plenamente que o sistema concebido era eficiente e eficaz em termos de funcionamento e fornecimento de informações.

No	Statements	Percentage	Remarks
1	Time taken in swiping while identifying the applications screen icons is shorter	75	Satisfactory
2	Information retrieval e.g. incoming messages is easy, fast, and self-dependency	87.5	Very satisfactory
3	Determination of required direction while receiving or rejecting incoming calls is easier	62.5	Good
4	Battery functionality and maintenance duration are sufficient in operation	87.5	Very satisfactory
5	Identifying an item/number during loading/offloading as well as saving data e.g. contacts, airtime among others is effective	50	Average

Quadro 4.2: Eficiência e eficácia do sistema

CAPÍTULO 5

5.1   Conclusões

Com base no objetivo do estudo, os protocolos melhorados para os ícones do ecrã das aplicações para telemóveis inteligentes desempenham um papel importante na utilização eficiente e eficaz por pessoas com deficiência visual.

As conclusões provaram que a funcionalidade de conversão de texto em voz já existe nos smartphones, mas o principal problema é a acessibilidade da função por parte de um utilizador com deficiência visual, uma vez que está colocada de forma inacessível nos menus Definições e Acessibilidade, o que torna difícil para os utilizadores não visuais localizarem a ativação e a desativação das funcionalidades.

As pessoas com deficiência visual estão sempre limitadas no acesso à informação e a outros serviços básicos devido a barreiras físicas e de informação. Neste estudo de investigação, foi desenvolvido um smartphone Android totalmente equipado com protocolos melhorados de ícones de ecrãs dispostos em formato de matriz e navegação com capacidades de leitura áudio para facilitar a vida dos utilizadores de telemóveis com deficiência visual. Com a melhoria da acessibilidade dos ícones dos ecrãs das aplicações dos smartphones por parte dos deficientes visuais, associada a um maior avanço na tecnologia de navegação móvel, acredita-se que a posse de smartphones irá aumentar na comunidade dos deficientes visuais.

A aplicação instalável foi desenvolvida para a versão 4.0/4.1 do Android e foi executada na máquina virtual Android e em dispositivos reais (HTC One X com a versão 4.0 do Android e a versão actualizada 4.1) e provou ser capaz de aumentar a satisfação do utilizador e atrair elevados níveis de adoção, uma vez que pode ser facilmente instalada e desinstalada no telefone sempre que desejado e descarregada através de meios com ou sem fios como um ficheiro/pacote executável (.apk).

Os testes técnicos básicos das funções da aplicação foram efectuados em telemóveis com Android 4.0 e 4.1, ou seja, HTC One X, HTC Incredible S e Samsung Galaxy S2. Os resultados revelaram que as funções funcionam perfeitamente na versão 4.0/4.1 do Android, sem quaisquer problemas. Com esta versão, espera-se que as pessoas com deficiência, em especial as pessoas com deficiência visual, consigam lidar com as velocidades rápidas e a sensibilidade da utilização do smartphone, o que eliminará as barreiras físicas e de informação que os utilizadores de smartphones com deficiência visual sempre enfrentam.

5.2   Recomendações

A comunidade com deficiência visual precisa de ser formada/sensibilizada para a utilização de smartphones, especialmente os que têm protocolos melhorados, para permitir que estas pessoas se tornem mais livres e familiarizadas com a utilização dos ícones do ecrã das aplicações dos smartphones e se adaptem melhor à forma digitalizada de partilhar informações e outros serviços benéficos.

As diferentes organizações responsáveis pelas pessoas com deficiência, em especial as pessoas com deficiência visual, devem envidar mais esforços para garantir a disponibilização de fundos suficientes para o fornecimento de software de aplicação relevante e as formações necessárias.

Devem ser realizadas mais investigações para fornecer aos utilizadores materializações de funções adicionais nos botões, como o botão de reconhecimento de impressões digitais, bem como para realizar experiências com utilizadores com deficiência visual e avaliar a fiabilidade e a utilidade do sistema, de modo a compreender plenamente a segurança e a confiança dos utilizadores.

CAPÍTULO 6

Bibliografia

[1] A. Dreyer, T.-M. Grpnli, e B. Bygstad, "Tornar os telemóveis tácteis acessíveis aos deficientes visuais,"

[2] R. H. Von Alan, S. T. March, J. Park, e S. Ram, "Design science in information systems research," *MIS quarterly,* vol. 28, no. 1, pp. 75-105, 2004.

[3] J. A. Sherwani, "System using touchscreen user interface of a mobile device to remotely control a host computer," Jan. 11 2011. Patente dos EUA 7,870,496.

[4] I. L. Bailey e A. Hall, *Visual impairment: An overview.* American Foundation for the Blind, 1990.

[5] S. Resnikoff, D. Pascolini, S. P. Mariotti, e G. P. Pokharel, "Global magnitude of visual impairment caused by uncorrected refractive errors in 2004," *Bulletin of the World Health Organization,* vol. 86, no. 1, pp. 63-70, 2008.

[6] C. Joseph *Challenges Of Being Blind,* 2009.

[7] F. Ableson *Introdução ao desenvolvimento do Android,* 2009.

[8] S. K. Kane, J. O. Wobbrock, e R. E. Ladner, "Usable gestures for blind people: understanding preference and performance," in *Proceedings of the SIGCHI Conference on Human Factors in Computing Systems,* pp. 413-422, ACM, 2011.

[9] L. Chen-Fu, "Desenvolvimento de um sistema de navegação utilizando tecnologias de smartphone e bluetooth para ajudar os deficientes visuais a navegar em segurança nas zonas de trabalho", 2014.

[10] S. K. Kane, M. R. Morris, e J. O. Wobbrock, "Touchplates: low-cost tactile overlays for visually impaired touch screen users," in *Proceedings of the 15th International ACM SIGACCESS Conference on Computers and Accessibility,* p. 22, ACM, 2013.

[11] S. K. Kane, J. P. Bigham, e J. O. Wobbrock, "Slide rule: making mobile touch screens accessible to blind people using multi-touch interaction techniques," in *Proceedings of the 10th international ACM SIGACCESS conference on Computers and accessibility,* pp. 73-80, ACM, 2008.

[12] C.-F. Liao, "Desenvolvimento de um sistema de navegação utilizando tecnologias de smartphone e bluetooth para ajudar os deficientes visuais a navegar em segurança nas zonas de trabalho", tech, rep., 2014.

[13] D. A. de Luis Roman, B. De la Fuente, o. I. Jauregui, R. C. Vicente, S. Gutierrez, M. M. Cabello, e C. T. Torres, "Ensaio clínico aleatório duplamente cego controlado por placebo com um biscoito enriquecido com ácido alfa-linoleico e prebiótico sobre o fator de risco cardiovascular em pacientes obesos," *Nutrition hospitalaria: Organo oficial de la Sociedad espahola de nutrition parenteral y enteral,* vol. 26, no. 4, pp. 827-833, 2011.

[14] T. Babinszki *How Do Blind People UseMobile Phones. Even Grounds,* 2010.

[15] T. Bezboruah, "Mobile computing: the emerging technology, sensing, challenges and applications," *Preprint,/ http://users, ictp. it/" pub-off/preprints- sources/2010/IC2010102P. pdf2(01 December 2012). http://users. ictp. it/" pub-off/preprints-sources/2010/IC2010102P. pdf,* 2010.

[16] D. Hooi Ting, S. Fong Lim, T. Siuly Patanmacia, C. Gie Low, e G. Chuan Ker, "Dependency on smartphone and the impact on purchase behaviour," *Young consumers,* vol. 12, no. 3, pp. 193-203, 2011.

[17] B. Spath, "Modelling the invisible", em *Computational Design Modelling,* pp. 201-208, Springer, 2011.

[18] Gartner *A Gartner afirma que as vendas mundiais de telemóveis cresceram 17 por cento no primeiro trimestre* de 2010.

[19] T.-M. Grpnli, J. Hansen, e G. Ghinea, "Android vs windows mobile vs java me: um estudo comparativo de ambientes de desenvolvimento móvel," in *Actas da 3.ª Conferência Internacional sobre Tecnologias Invasivas Relacionadas com Ambientes Assistivos,* p. 45, ACM, 2010.

[20] S. B. Nielsen, P. Raimondos-Mpller, and G. Schjelderup, "Company taxation and tax spillovers: separate accounting versus formula apportionment," *European Economic Review,* vol. 54, no. 1, pp. 121-132, 2010.

[21] M. Helft *FortheBlind; TechnologyDoesWhataGuideDogCant.,* 2009.

[22] I. L. S. Hansen, T. A. Andreassen, e N. Meager, "Employment of disabled people in norway and

the united kingdom, comparing two welfare regimes and why this is difficult," *Scandinavian Journal of Disability Research,* vol. 13, n.º 2, pp. 119-133, 2011.

[23] M. F. Theofanos e J. Redish, "Guidelines for accessible and usable web sites: Observing users who work with screen readers," *Interactions,* vol. 10, no. 6, pp. 38-51, 2003.

[24] A. Paramythis, S. Weibelzahl, e J. Masthoff, "Layered evaluation of interactive adaptive systems: framework and formative methods," *User Modeling and User-Adapted Interaction,* vol. 20, no. 5, pp. 383-453, 2010.

[25] C. Gupta e P. Kopuru, "System and method for metering of application services in utility computing environments", 20 de abril de 2010. Patente dos EUA 7,702,779.

[26] M. Gesmann e D. de Castillo, "Using the google visualisation api with r", *The R Journal,* vol. 3, n.º 2, pp. 40-44, 2011.

[27] A. Shabtai, Y. Fledel, U. Kanonov, Y. Elovici, S. Dolev, e C. Glezer, "Google android: A comprehensive security assessment," *IEEE security and Privacy,* vol. 8, no. 2, pp. 35-44, 2010.

[28] J. Nielsen e T. K. Landauer, "A mathematical model of the finding of usability problems", em *Proceedings of the INTERACT'93 and CHI'93 conference on Human factors in computing systems,* pp. 206-213, ACM, 1993.

[29] M. B. Rosson e J. M. Carroll, *Usability engineering: scenario-based development of human-computer interaction.* Morgan Kaufmann, 2002.

[30] L. Faulkner, "Beyond the five-user assumption: Benefits of increased sample sizes in usability testing," *Behavior Research Methods, Instruments, & Computers,* vol. 35, no. 3, pp. 379-383, 2003.

[31] P. Bertelson, P. Mousty, e G. D'Alimonte, "A study of braille reading: 2. patterns of hand activity in one-handed and two-handed reading," *The Quarterly Journal of Experimental Psychology,* vol. 37, no. 2, pp. 235-256, 1985.

[32] J. Bernier, *The relationship between learning styles and online education among entrylevel doctor of pharmacy degree students.* Tese de doutoramento, Universidade da Florida, 2009.

[33] C. Magnusson, H. Danielsson, e K. Rassmus-Grohn, "Non visual haptic audio tools for virtual environments," in *International Workshop on Haptic and Audio Interaction Design,* pp. 111-120, Springer, 2006.

[34] J. P. Bigham, C. M. Prince e R. E. Ladner, "Webanywhere: a screen reader on the-go", em *Proceedings of the 2008 international cross-disciplinary conference on Web accessibility (W4A)*, pp. 73-82, ACM, 2008.

[35] P. Karampelas, D. Akoumianakis, e C. Stephanidis, "User interface design for pdas: Lessons and experience with the ward-in-hand prototype", em *ERCIM Workshop on User Interfaces for All*, pp. 474-485, Springer, 2002.

[36] A. K. Karlson, B. B. Bederson, e J. SanGiovanni, "Applens and launchtile: two designs for one-handed thumb use on small devices," in *Proceedings of the SIGCHI conference on Human factors in computing systems*, pp. 201-210, ACM, 2005.

[37] R. Ivanov, "Indoor navigation system for visually impaired," in *Actas da 11.ª Conferência Internacional sobre Sistemas e Tecnologias Informáticas e Workshop para Estudantes de Doutoramento em Informática na Conferência Internacional sobre Sistemas e Tecnologias Informáticas*, pp. 143-149, ACM, 2010.

[38] R. e. a. Amar *Mobile ADVICE: um dispositivo acessível para melhorar a capacidade de deficientes visuais*, 2003.

[39] P. Strumillo, P. Skulimowski, e M. Polanczyk, "Programming symbian smartphones for the blind and visually impaired," in *Computers in Medical Activity*, pp. 129-136, Springer, 2009.

[40] T. Raman e C. L. Chen, "Eyes-free user interaction," *Google Research, Feb,* vol. 9, 2009.

[41] M. Hearst, *Search user interfaces*. Cambridge University Press, 2009.

[42] B. Bygstad, B. R. Krogstie, e T.-M. Gronli, "Learning from achievement: Scaffolding student projects in software engineering," *International Journal of Networking and Virtual Organisations,* vol. 6, no. 2, pp. 109-122, 2009.

[43] S. T. March e V. C. Storey, "Design science in the information systems discipline: an introduction to the special issue on design science research", *MIS quarterly,* pp. 725-730, 2008.

[44] R. F. Hevner, R. D. Hodge, R. A. Daza, e C. Englund, "Transcription factors in glutamatergic neurogenesis: conserved programs in neocortex, cerebellum, and adult hippocampus," *Neuroscience research,* vol. 55, no. 3, pp. 223-233, 2006.

[45] W. Kuechler e V. Vaishnavi, "A framework for theory development in design science research: multiple perspectives", *Journal of the Association for Information systems,* vol. 13, n.º 6, p.

395, 2012.

[46] W. Kuechler e V. Vaishnavi, "The emergence of design research in information systems in north america", *Journal of Design Research,* vol. 7, n.º 1, pp. 1-16, 2008.

[47] B. Kuechler e V. Vaishnavi, "On theory development in design science research: anatomy of a research project", *European Journal of Information Systems,* vol. 17, no. 5, pp. 489-504, 2008.

[48] A. Ashraf e A. Raza, "Usability issues of smart phone applications: For visually challenged people," *World Academy of Science, Engineering and Technology, International Journal of Computer, Electrical, Automation, Control and Information Engineering,* vol. 8, no. 5, pp. 760-767, 2014.

[49] M. Marszalek, O. Kurz, M. Drentschew, M. Schmidt, e K. Schilling, "Intersatellite links and relative navigation: Pre-conditions for formation flights with pico-and nanosatellites," *IFAC Proceedings Volumes,* vol. 44, no. 1, pp. 3027-3032, 2011.

Printed by Books on Demand GmbH, Norderstedt / Germany